国家“十二五”重点图书出版规划项目
城 市 科 学 发 展 丛 书

绿色·智能·人文一体化交通

陆化普　余卫平　著

中国建筑工业出版社

图书在版编目（CIP）数据

绿色·智能·人文一体化交通 / 陆化普，余卫平著．—北京：中国建筑工业出版社，2014.5
（城市科学发展丛书）
ISBN 978-7-112-16869-9

Ⅰ.①绿… Ⅱ.①陆…②余… Ⅲ.①城市交通系统—智能系统 Ⅳ.①U491.2

中国版本图书馆CIP数据核字（2014）第100438号

责任编辑：何 楠 张 明
书籍设计：京点制版
责任校对：李美娜 党 蕾

国家“十二五”重点图书出版规划项目
城市科学发展丛书
绿色·智能·人文一体化交通
陆化普 余卫平 著
*
中国建筑工业出版社出版、发行（北京西郊百万庄）
各地新华书店、建筑书店经销
北京京点图文设计有限公司制版
北京顺诚彩色印刷有限公司印刷
*
开本：787×1092 毫米 1/16 印张：11 字数：190 千字
2014 年 7 月第一版 2014 年 7 月第一次印刷
定价：68.00 元
ISBN 978-7-112-16869-9
(25647)

前 言

众所周知，随着对地球生态环境认识的不断加深，人们越来越认识到人与整个地球生态环境的相互依存关系。没有植物通过光合作用将无机物转化为有机物就没有动物界的生存条件，没有植物和动物的存在人类也就没有了赖以生存的生态环境。因此，在生态文明理念指导下的生态城市建设，以及支撑生态城市建设和发展的绿色交通系统是我国城市和城市交通的发展方向。

本书中，对绿色智能人文一体化交通给出了如下的定义和阐述：绿色智能人文一体化交通是指以满足人的交通需求为根本原则、以绿色交通方式为主要载体、以智能交通技术为显著标志、以人的交通文化提升为最高境界的高度一体化的城市综合交通系统。绿色智能人文一体化交通中，绿色智能人文是交通系统的主要特征，一体化是核心本质。也就是说，解决城市交通问题的关键是一体化，这个一体化的交通系统应该具有绿色、智能、人文的特点。

一体化的城市综合交通系统还可以罗列出其他特点，本书作者之所以重点强调了绿色、智能和人文特点，是因为绿色是未来交通系统的本质特征，智能是现代交通系统的显著特点，而人文水平是实现城市交通系统建设目标、打造宜居与和谐城市生活环境的根本目标和实现保证。

对绿色智能人文一体化交通的探讨和研究方兴未艾，本书也给出了初步的研究框架和课题方向建议。期待本书能够在绿色智能人文一体化交通的研究与实践探索过程中，起到抛砖引玉的作用。

本书内容是新领域的研究探索，肯定有很多缺点和不足，请读者不吝赐教。

感谢联合团队全体成员在研究过程中的勤奋工作和努力，本书成果是笔者和团队成员辛勤劳动的结晶。

陆化普

2014 年春于清华大学

目 录

第一章

未来城市和城市交通

1.1 城市的角色和作用

城市在社会经济发展中扮演着极其重要的角色，它集聚了人口、资源、信息、人才、知识、技术和财富，提高了资源、信息、基础设施等的利用效率和集约利用程度，节约了生产成本，提供了发展机会，通过不断的积累和发展，成为地区性的经济、政治、文化中心，为人们的居住、工作、游憩、交通等活动提供环境条件和服务，从而促进整个国民经济和社会的发展。

城市是以人为主体、以空间为载体，以规模经济、聚集经济效益为动力机制、以美好城市生活和人类进步为根本目的的一个集约人口、集约经济、集约知识、集约科学技术和文化的空间地域系统。虽然城市占据面积很小，但它却高度聚集了大量的人口、财富和社会经济活动。它是人类物质财富和精神财富生产、传播和扩散的中心。例如，日本东京都的面积仅为 2188.67 平方公里 [1]，占日本国土面积的 0.6%，人口为 1328 万人 [2]（2013 年），占全国人口的 10.4%，但却集中了日本 60% 的大公司总部和 1/3 的银行，2012 年东京都的 GDP 达到 2.99 万亿美元，占日本 GDP 的 50%；美国纽约是世界三大金融中心之首，占地面积 1214 平方公里，是美国国土面积的 0.04%；人口为 918 万人 [3]，是美国总人口的 2.9%，然而，2012 年纽约市的 GDP 达到 2.63 万亿美元，占美国 GDP 的 16.8%；法国巴黎占地面积仅 105.4 平方公里，占法国总面积的 0.02%，巴黎市人口 223.4 万人，占法国总人口的 3.5%，2012 年巴黎的 GDP 达到 6581 亿美元，占法国 GDP 的 25.2%，巴黎不仅是经济、政治中心，也是教育文化中心，世界著名大学法兰西学院、巴黎大学以及法国国家科学研究中心等均设在巴黎；英国伦敦是欧洲最大的经济中心，也是举办夏季奥运会最多的城市，大伦敦市占地面积 1580 平方公里，占英国总面积的 0.65%，人口 817 万人，占全国人口的 13%，2012 年大伦敦市的 GDP 达到 6955 亿美元，占英国 GDP 的 28.5%，详见表 1-1 所示。

国外部分城市规模及经济概况 表 1-1

城市	城市面积（平方公里）	人口（万人）	人口密度（人/平方公里）	城市 GDP（万亿美元）	全国 GDP（万亿美元）	城市 GDP 占全国 GDP 的比重
日本东京都	2188.67	1328	6068	2.99	5.96	50.1%
美国纽约市	1214	918	7562	2.63	15.68	16.8%

续表

城市	城市面积（平方公里）	人口（万人）	人口密度（人/平方公里）	城市 GDP（万亿美元）	全国 GDP（万亿美元）	城市 GDP 占全国 GDP 的比重
法国巴黎市	105.4	223.4	21195	0.66	2.44	25.2%
英国大伦敦市	1580	817	5171	0.70	2.61	28.5%

注：除日本东京都的人口、人口密度为 2013 年数据外，其他均为 2012 年数据。

城市因其特有的经济优势而成为外来劳动力的聚集中心，城市经济的发展除了依靠内部生产要素的优化组合外，另一个重要动力来自地区外部劳动力流动所推动的城市化及其引起的连锁反应。我国随着大量农村剩余劳动力向城市转移，推动了城市社会和经济的发展，同时也促进了全国经济的增长。据 2012 年国民经济和社会发展统计公报显示[4]，2012 年我国城市数量已经达到 660 个，实现生产总值 519322 亿元，城镇人口 71182 万人，北京核心区人口密度为 2.3 万人 / 平方公里，上海核心区人口密度为 3.4 万人 / 平方公里。城市经济的发展对全国 GDP 的增长具有重要的贡献，尤其是我国的几个特大城市，如北京、上海、深圳等。

北京是我国首都，也是中国的政治文化中心，中国经济、金融的决策和管理中心。北京市共辖 14 个市辖区、2 个县，其中包括 2 个功能核心区、4 个城市功能扩展区、5 个城市发展新区、5 个生态涵养发展区，是中国创新能力最强的城市，也是 2012 年中国特色魅力城市。北京市占地面积 16410.54 平方公里，占全国总面积的 0.17%，据北京统计局公布数据[5]，2012 年北京市常住人口达到 2069.3 万人，占全国总人口的 1.53%，2012 年全市实现地区生产总值 17801 亿元，占全国总产值的 3.4%，全市人均地区生产总值 86024 元，被评为 2012 年中国内地城市综合竞争力第一名，获得 2012 年中国特色休闲城市——文化休闲之都称号。

上海是我国著名的工商业城市和国际都会，是全国最大的综合性工业城市，也是中国的经济、交通、科技、工业、金融、贸易、会展和航运中心。上海市共辖八个中心城区、八个郊区和一个县，总面积 6340.5 平方公里，占全国总面积的 0.06%。据上海市统计局公布的数据[6]，2012 年上海市常住人口为 2380.43 万人，占全国总人口的 1.76%，2012 年实现地区生产总值 20101.33 亿元，比上年增长 7.5%，世界排名第 11 位。2012 年上海地区生产总值约占中国的 3.9%，超过首尔、香港、新加坡等亚洲大都市。上海曾是远东第一金融中心，股票、黄金、外汇等金融市场规模全部雄踞亚洲第一。同时，上海是全球第二大期货交易中心和全球最大的黄金现货交易中心，获有 2012 年中国特色休闲城市——时尚休闲之都的称号。

深圳是中国改革开放以来的第一个经济特区，是中国改革开放的窗口，也是国际上重要的空海枢纽和外贸口岸。深圳地处珠江口以东，毗邻香港，占地面积 1991.64 平方公里，占全国总面积的 0.02%。据深圳市统计局公布数据显示[7]，2012 年深圳市人口为 1054.74 万人，占全国总人口的 0.78%。深圳作为全国经济中心城市，2012 年全市生产总值为 12950.08 亿元，比上年增长 10.0%，占全国 GDP 的 2.5%，人均生产总值 123247 元 / 人，高于全国、全省平均水平，经济总量居中国大陆第四位，在 2012 年中国城市竞争力排名中位居第五，综合经济竞争力指数排名第二，仅次于香港，详见表 1-2。

我国城市 GDP 占全国 GDP 总量的比例（2012 年数据）　　表 1–2

城市	城市面积（平方公里）	人口（万人）	人口密度（人/平方公里）	GDP（亿元）	全国 GDP（亿元）	城市 GDP 占全国 GDP 的比例
北京	16410.54	2069.3	1261	17801	519322	3.4%
上海	6340.5	2380.43	3754	20101.33		3.9%
深圳	1991.64	1054.74	5296	12950.08		2.5%

1.2 城市与城市交通的发展方向

1.2.1 城市的发展方向

城市文明是人类文明的核心组成部分之一，城市的未来是人类对自己美好未来追求的集中体现。人类在漫长的城市化进程中，不断认识世界、探索规律、追求着人类可持续的美好生活。迄今为止，国内外在若干重要方面达成了以下共识：

（1）我们只有一个地球，保护地球就是保护人类自己；

（2）地球生态环境有一定的自净化和自平衡能力，人类的活动不能超越这样的能力极限，超越了这个极限，生态环境就会遭到破坏，人类也就毁掉了自己赖以生存的环境；

（3）地球的传统能源是有限的；

（4）不能把城市建成机械，城市既要满足人们的物质生活需求，也要满足人们的精神需求，不断发展城市文化是美好城市生活的核心任务之一；

（5）城市是一个有机体，城市系统是一个复杂系统，必须以系统科学为指导，基于系统工程的思想方法全面统筹、系统规划设计。

1. 城市的功能定位

城市定位是指针对特定的空间范围和发展阶段，在充分考虑城市的自然地理条件、资源禀赋、历史传统、产业特点、文化传承的基础上，明确城市的性质、功能及地位，确定城市的发展战略目标的过程。

城市定位具有战略性、综合性、地域性、动态性的特点，城市定位要站到未来发展的高度去把握城市的方向和走向，全面系统地分析与城市发展有关的各种条件和影响因素，突出城市及其所在区域的特色，确定一定时期内城市的作用、职能、地位。城市定位的目标是展示与其他城市的不同之处，获取更大的竞争优势。城市的定位不一定是其他城市所没有的，而应该是综合考虑城市的历史基础及地位、城市的经济地理位置、城市的资源禀赋、区位条件、政策环境，深刻剖析城市面临的机遇和挑战，抓住城市发展的主要方面，进行科学合理的定位。

城市定位可从定性、定向、定形和定量四个方面来讲，所谓定性是指确定城市的性质以及对城市发展具有重大意义的主导性和支配性的城市职能；所谓定向是指城市的未来发展方向，包括城市的发展方针、目标走向、战略模式等；所谓的定形是指城市形象的确定，包括城市的整体风格与面貌、城市居民的价值观、精神面貌、文化水平等；所谓定量是指从数量的角度给城市以某种形式的标定，可以是城市人口、经济、用地规模、综合竞争力等的数量分析。

城市的发展和竞争是多方面的，城市的定位也是多维的，主要有以下几个方面（图 1-1）[8]。

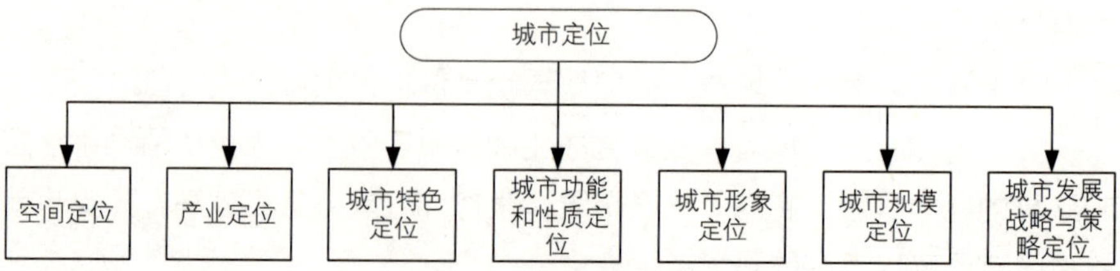

图 1-1　城市定位

图片来源：笔者绘制

（1）空间定位。空间定位是对城市的区域地位和空间影响尺度的定位。不同的城市其主导功能所影响的空间尺度是不同的，如国家尺度、大经济区尺度等。相应地，通过城市功能尺度的分析，可以合理地确定城市的区域地位和等级，如城市是属于世界性的还是区域性的等。

（2）产业定位。产业定位是对城市重点产业、潜力产业的确定和筛选过程。城市产业定位不是单纯的城市主导产业的选择工作，还需要与市场定位、资源环境特点和上下游产业链关系等结合起来，综合地确定城市经济开发的产业支撑点，发展城市的重点产业、潜力产业。

（3）城市特色定位。城市特色是指能综合反映城市及其腹地区域的文化、经济、景观状况的地域化个性特征。城市特色是一个城市有别于其他城市的重要标志，没有特色的城市是缺乏生命力的，是不能持续健康发展的。

（4）城市功能和性质定位。城市功能和性质定位是对城市在社会经济发展中地位、作用以及主导性职能的定位。不同的城市主导性职能各不相同，有的城市综合性强，职能多样化程度高；有的城市专业性强，职能较为单一。所以，城市功能和性质定位就是要合理确定城市职能体系的发展方向和重点领域，促进城市社会经济的发展。

（5）城市形象定位。城市形象是人们对城市内在实力、外显活力和发展前景的具体感知、总体看法和综合评价，它既包括城市的道路、建筑、名胜古迹等外在的形象，也包括居民精神面貌、城市精神等内在的品质。城市形象的好坏，直接关系到城市的影响力和城市魅力，影响着城市的发展。

（6）城市规模定位。城市规模是城市人口规模、用地规模、经济规模等组成的综合体。城市规模代表着城市的等级、地位、水平，支配着城市的职能、布局、结构、区域影响，对城市的建设发展具有深远的意义。

（7）城市发展战略与策略定位。城市发展战略与策略定位是对城市未来的发展蓝图、方向、方针、重点、途径的筹划。城市的发展战略和策略反映了城市发展的总体思路和战略要点，指明了城市发展的目标、路径和策略，它的制定直接决定了城市未来发展的道路和前景。

2. 未来城市的发展方向

狭义地讲，不同的城市，功能定位会有所不同，但从总体而言，笔者认为城市未来的发展方向将是建设具有生态、智慧、创意、宜居、特色为主要特征的城市（图 1-2），笔者将具有上述特点的城市归结为未来城市。

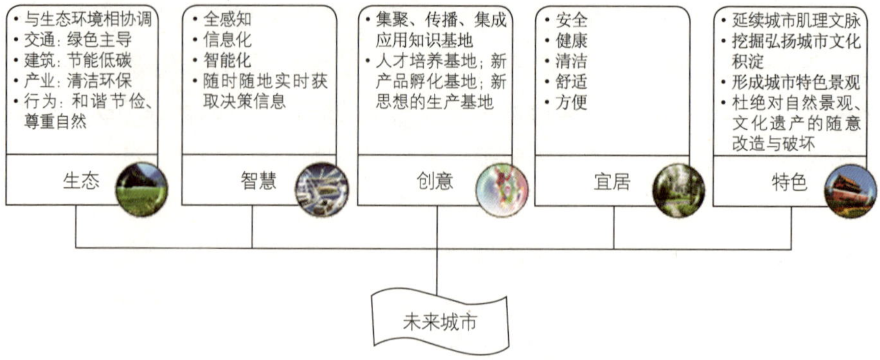

图 1-2　未来城市发展主要特征

图片来源：笔者绘制

（1）生态

中国正处于快速城镇化与生态危机并存的阶段，社会、经济与自然协调发展的生态城市将是中国城市未来的发展方向，生态理念应该成为各项工作的指导、应贯穿于城市和城市交通规划建设的全环节。目前对生态城市的研究众多，不同学科的研究者从不同角度对生态城市给出了各自的定义。作为中国城市发展目标的生态城市，它的定义肩负着引领中国城市健康发展的重大使命，实质上是对我国城市发展目标的深刻解读和高度凝练。因此，生态城市可定义为：生态城市是尊重自然规律、与自然环境和谐共生的城市体系。生态城市系统由自然生态、社会生态、环境生态所组成的复合生态系统，具有自然和谐共生、社会公平祥和、环境低碳节能的特征以及和谐性、高效性、持续性、整体性和区域性特点（图 1-3）。

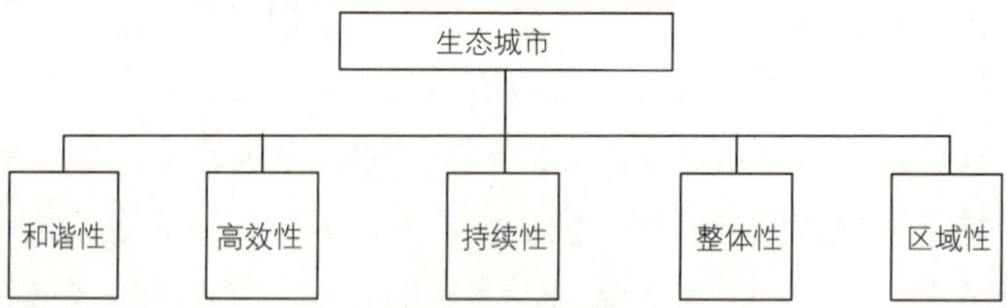

图 1-3　生态城市特点

图片来源：笔者绘制

①和谐性。生态城市的和谐性，不仅仅反映在人与自然的关系上，更重要的是人与人的关系上。在利用与保护、城市与乡村、生产与生活、供给与需求、现在与未来等方面实现和谐。

②高效性。生态城市的高效性是指实现一切资源的高效利用，物尽其用，地尽其利，人尽其才，各施其能，土地资源和水资源得到充分保护，

经济资源得到优化配置和合理利用，垃圾实现减量化和资源化。

③持续性。生态城市要以可持续发展思想为指导，兼顾不同时期、不同空间、公平地满足现代人及后代人在发展和环境方面的需要，保证城市社会经济健康、协调、可持续发展。

④整体性。生态城市要兼顾社会、经济和环境三者效益，寻求经济发展、生态良好、人类幸福整体协调下的发展。

⑤区域性。生态城市作为城乡的统一体，其本身即为一个区域概念，是建立在区域平衡上的，而且城市之间是互相联系、相互制约的，只有平衡协调的区域，才有平衡协调的生态城市。

（2）智慧

随着新一代移动网络技术、物联网、云计算的迅速发展和深入应用，未来城市的发展方向将是利用任何可以感知、测量、捕获和传递信息的设备、系统或流程获取城市信息并进行分析，对城市更透彻的感知；通过各种高速通信网络将分散信息进行连接、交互和多方共享，实现更全面的互联互通；随时随地实时获取决策信息，以更加系统且全面的洞察来解决问题，建立一个更智慧的城市以提高城市运行效率，为居民创造更美好的城市生活。智慧城市的特征可总结为：全面透彻的感知、宽带泛在的互联、智能融合的应用以及以人为本的可持续创新（图 1-4）。

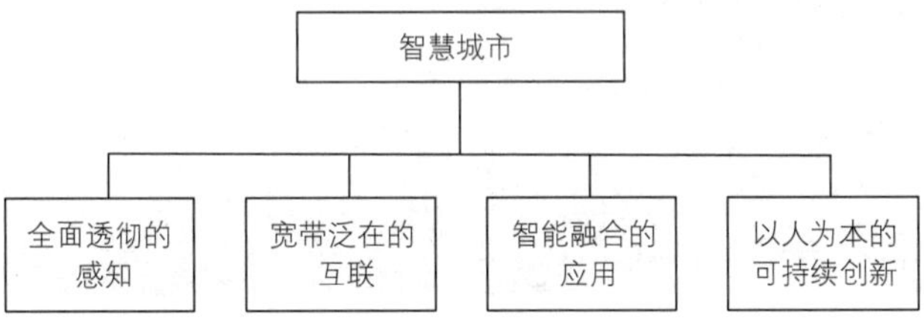

图 1-4　智慧城市特征

图片来源：笔者绘制

（3）创意

创意城市是具有创造力和活力，是在未来城市发展中成为领袖城市的必要条件和基本特征。城市的实力首先是经济发达，而知识经济是具有持续发展能力、具有高附加价值的朝阳经济；其次，源源不断的新技术和新产品来源于高水平的科学研究和高效率的成果转化；第三，创新性的科研成果和技术发展，需要宽松的环境条件和劳动生产力的极大解放；第四，在知识大爆炸、技术和产品更新换代极其迅速的今天，劳动力知识和技能的更新是任何城市保持领先的重要动力机制。因此，未来的城市将是人才不断集聚，信息广泛传播的集成应用知识基地，也是人才培养基地、新产品孵化基地、新思想的生产基地。

（4）宜居

未来城市的发展将更加宜居，城市污染、交通拥堵、绿地减少等让人头痛的城市病将不会存在，居民也不用再忍受着城市的脏乱和无序，不用为购物、就医、买房、上学等问题而烦恼。城市居民的道德素质将会很高，每个城市居民都会成为文明城市的创造者并通过自身的行为教育身边的人和自己的后代，使其能够按照健康城市的发展方式在居民之间产生相互影响，创造一个安全、健康、清洁、舒适、方便的生活环境（图 1-5）。

珀斯　　温哥华

墨尔本　　维也纳

图 1-5　国外部分宜居城市

图片来源：百度图片 http：//image.baidu.com/

（5）特色

特色是生命，是魅力所在，是可持续发展的重要元素。特色是城市在经济、社会的历史演变过程中逐渐形成和发展起来的，也是一个城市核心竞争力的集中体现。城市特色蕴含于多种多样的内容与形式中，有历史的、传统的特色，有民族的、地方的特色，有新兴的、时代的特色，有景观、环境的特色。未来城市的发展应结合城市的自然风貌、文化底蕴、景观形象、产业结构、功能定位，延续城市的节理文脉，挖掘和弘扬城市文化积淀，形成城市特色景观，加大对自然景观、文化遗产的保护力度，塑造一个更有特色的城市。

1.2.2　城市交通的发展方向

城市交通系统对城市发展有着举足轻重的作用，是城市发展的支撑和引领系统。一方面，城市交通系统要支撑城市结构、用地形态和城市空间发展战略；另一方面，城市交通对城市的发展具有很强的影响和引导作用。世界城市发展的经验表明，不同于一般的其他城市子系统，城市交通系统应该引领城市的发展。和未来城市相对应，明确城市交通系统的发展目标，推动绿色智能人文一体化交通的发展，对建立生态、智慧、创意、宜居、特色的未来城市至关重要。城市交通系统发展目标可概括为以下几个方面（图 1-6）。

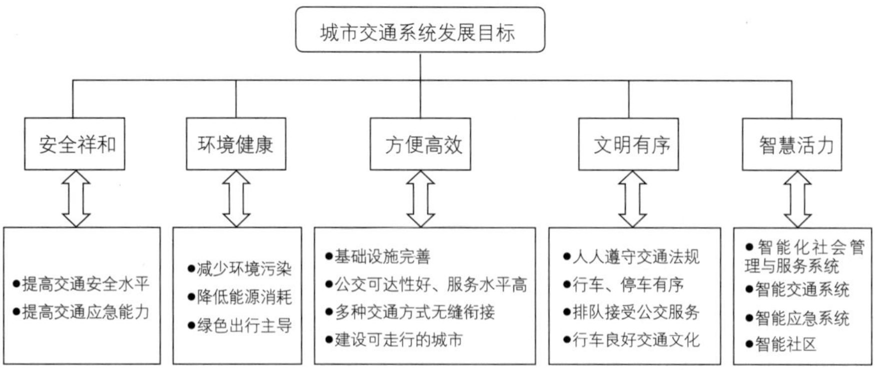

图 1-6　城市交通系统发展目标

图片来源：笔者绘制

1. 安全祥和

要降低道路交通事故数量，减少交通事故死亡人数，提高城市道路交通安全水平，为城市居民安全出行提供保障。对于突发的、重大的交通事故，提高政府及相关部门的应急救援能力，保证在最短的时间内快速响应，尽最大可能减少人员伤亡。

2. 环境健康

提倡城市居民选择步行、自行车和公共交通等绿色出行方式，限制机动车数量快速增长，提高机动车尾气排放标准，鼓励机动车以可再生能源为燃料，减少城市交通对环境的污染，降低交通系统对能源的消耗，为城市居民提供一个健康的生活环境。

3. 方便高效

要不断完善城市交通系统基础设施建设，提高公共交通运行效率和服务水平，保证公交良好的可达性，建立与周边土地利用一体化的综合交通枢纽系统，实现多种交通方式的无缝衔接，整体提高城市交通系统服务水平。

4. 文明有序

普及文明交通出行，不断完善交通法律法规，使人人出行都能遵守交通法规，驾驶员文明驾驶，相互礼让，行车、停车有序。市民自觉排队接受公交服务，形成良好的交通文化。

5. 智慧活力

将先进的信息技术、通信技术、传感技术、控制技术以及计算机技术等有效地集成运用于整个交通运输管理体系，提高城市交通系统的智能化。推动智能化社会管理与服务系统、智能交通系统、智能应急系统以及智能社区的发展，建立实时、准确、高效的综合的运输和管理系统，促进未来城市向更加智慧的方向发展。城市活力主要体现在创新能力和向城市居民提供继续教育能力方面。一个城市应该成为新思想的生产基地、新产品的开发基地、新科研成果的孵化基地、再就业能力的训练基地，只有这样，才能永远保持城市的活力、竞争力和魅力。

1.2.3 我国城市交通发展方向：绿色交通为主导

1. 我国机动化发展总体方向

我国城市的机动化发展已经进入了快速增长阶段，如果私家车按照目前的发展态势，不同城市将会相继进入小汽车为主导的城市社会，不但交通拥堵将成为常态，而且环境污染和能源消耗问题也将十分严峻。以成都为例，按目前机动车的发展速度，2020 年机动车保有量可能会达到 500 万左右，将会大大超出目前城市交通的承载能力。

同样的情况也存在于其他城市，各城市机动车保有量都呈现出“井喷式”增加，很多城市机动车年增长率超过 20%，比如重庆 26.24%（2011

年）、长沙 30.1%（2010 年）、成都 21.69%（2009 年）、郑州 21.11%（2011 年）、太原 20%（2011 年）等。而小汽车增长率超过 20% 的城市更多，比如北京 22.17%（2010 年）、重庆 25.75%（2010 年）、上海 20%（2010 年）、广州 20%（2010 年）、杭州 25.69%（2010 年）、天津 21.72%（2010 年）、郑州 26.3%（2010 年）、昆明 20%（2010 年）、南京 24%（2010 年）等。按照目前的发展速度，再过 3 ～ 5 年的时间，这些城市机动车保有量将会翻番。

因此，城市交通发展的模式必须向安全便捷、经济高效、社会公平、资源节约、环境友好和以人为本的可持续发展方向转变，建立起绿色智能人文一体化交通运输体系。以绿色交通方式为主体，短距离出行以步行、自行车为主；长距离出行以公共交通为主；绿色交通工具为主体，促进无污染、低能耗的交通工具的推广使用；充分利用现代高新技术手段，大力推进智能交通系统的建设与应用，优化交通组织与控制，最大限度地发挥交通网络的通行能力；坚持"以人为本"，重视交通文明和交通道德教育。在交通发展过程中把为市民提供安全、便捷、公平、可承受的交通服务为出发点，加强交通文明建设，提高现代交通意识，传承历史文化。

2. 保证我国机动化健康发展的主要战略措施

（1）调整土地利用形态，减少交通总量、缩短出行距离

通过实施职住均衡的用地布局，以中小学为中心的通学路系统设计，完善的生活设施配套，实现减少交通需求总量、缩短交通出行距离的目的。

要充分发挥交通对城市发展的正确引导作用，推行以公共交通为导向的开发模式（TOD），强调以公交站点为中心合理利用城市空间资源，最大限度地减少出行距离，为步行和自行车绿色出行创造良好条件。高度重视交通与土地利用的整合规划，做好综合交通枢纽规划设计。交通系统要支撑城市功能和空间发展战略的实现，交通规划设计要与周边的用地性质相协调。因此，在规划中要引进交通与土地利用的互动机制。TOD 模式是实现交通与土地利用整合发展的途径与手段，既是阻止城市无序蔓延的一种可选方法，也是一种特殊的土地开发模式。其核心主张是紧凑布局、混合使用的用地形态，提供良好的公共交通服务设施，提倡高强度开发以鼓励公共交通的使用；为步行及自行车交通提供良好的环境；公共设施及公共空间临近公交车站；公交车站为本地区的枢纽。

（2）公共交通优先

全面落实“公交优先战略”，以公交为主导。

中国大城市正处于城镇化转型和综合交通体系构建的关键时期，依靠现代化公共交通解决交通矛盾已成为全球共识。公交优先政策落实效果的主要评价指标是公共交通分担率。对于特大城市和大城市来说，公共交通分担率越高，对缓解交通拥堵、节省能源和保护环境越有利。提高公共交通分担率的关键不仅在于提高公共交通的服务水平，同时在于把握好提供公共交通服务的时机、创造公共交通服务的比较优势。在道路通行资源紧缺的情况下，设置公交专用车道和优先信号，无疑是提高公交竞争力和比较优势的重要举措。

（3）保障行人和自行车通行

国内外调查数据均表明，无论大中城市还是小城市，中、短距离出行在城市交通出行中都占相当大的比例。同时从前面分析可知，步行和自行车系统作为绿色交通系统的重要组成部分，以其低能耗、低污染、低成本的优势成为中、短距离出行的最佳选择，同时也是提升城市生活质量、建设宜居环境和实现可持续发展的必然选择。因此，建设好步行与自行车交通的通行空间是城市交通未来的努力方向。尤其是要规划设计好生态城市单元，单元内出行采用步行和自行车，单元间出行利用公共交通。

2012 年年初，国家发改委会同财政部等 17 部委共同制定《“十二五”节能减排全民行动实施方案》，倡导“135”交通出行方案，即 1 公里以内步行，3 公里以内骑自行车，5 公里以内乘坐公共交通工具。

（4）推进交通管理科学化现代化进程，提高既有交通基础设施利用率

交通管理的科学化就是要按照系统工程思想、交通工程原理和方法组织管理交通。交通管理现代化的主要工程内涵就是建设和使用好智能交通系统。

（5）实施交通需求管理措施

交通需求管理，从广义上说是指通过交通政策等的导向作用，促进交通参与者的交通选择行为的变更，以减少机动车出行量，减轻或消除交通拥挤；从狭义上说是指为削减高峰期间一人乘车的小汽车通勤交通量而采取的综合性交通政策。

交通需求管理与传统的交通问题解决方法的不同之处就在于，在考虑解决交通供求关系的过程中，不但要考虑扩大供给，同时要考虑引导需求，这是解决城市交通问题的系统思路和科学方法，它是主动的方法。

交通需求管理包括减少出行总需求、调整交通方式、调整交通流时空

分布及交通信息发布。要针对不同地区、不同类别城市，制定差别化的小汽车保有与使用政策；发挥市场配置资源的基础作用，建立和完善交通需求调控管理体系。北京、上海、广州等特大城市已经出台了相应的小汽车保有政策，包括汽车拥有税调节、汽车牌照税、定额供应等。控制车辆使用的措施有单双号行驶、市中心区禁入、调节道路使用空间、限行、拥堵收费等。其他的需求管理措施包括错峰上班、合乘、停车控制等。

要想实现公交主导，一方面。要全面落实公交优先的系统举措，另一方面，要实施必要的交通需求管理，二者缺一不可。

（6）推进智能交通系统的建设

智能交通系统全面、见效快、效果显著，在很多城市取得了长足发展。它通过人、车、路的和谐、密切配合提高交通运输效率，缓解交通阻塞，提高路网通过能力，减少交通事故，降低能源消耗，减轻环境污染。

结合智慧型城市建设，发展智能交通系统，提高城市交通智能化水平，以较少的投入取得提高交通基础设施利用率的显著效果，是解决城市交通问题的明智选择，同时也是实现绿色交通战略的重要环节和保证。

智能交通系统的发展关键是要高度重视系统的顶层设计，实现系统资源共享，建立完善的系统验收程序，实施后评价，加强智能交通复合型人才培养，加强标准与规范的制定，加强产、学、研结合等。

（7）倡导绿色交通文化

人的行为是决定交通运输系统目标能否实现的第一因素，无论交通基础设施多么完善，交通管理手段多么先进，如果没有规范的交通行为、良好的交通文化氛围、符合社会发展方向的价值观，就无法实现世界一流的交通系统。

以“交通文化建设”作为管理“人”的主线，全力打造一个以“人”为核心的交通文化。首先要树立文明交通理念。人的行为是建立良好的交通系统的决定性因素。我国当前交通文化意识还相对比较薄弱，闯红灯、抢占道路、机动车不当驾驶等现象时有发生。其次，交通设施建设要体现人文关怀。新加坡政府非常重视人行道环境的建设，人行道两侧绿树成荫，行走在其中就像在花园中散步；为了进一步提升公共交通的候车环境，公交车站不仅配备有顶棚，配备有舒适的座椅，还设置有风扇，从细节处提升了公交车的服务水平；为给行动不便人士提供交通的方便，新加坡政府建设了大量“无障碍”公共设施。行动不便人士从下居民楼开始，到公交车站、地铁站都有连续的“无障碍”设施，行动不便人士不需要借助他人的帮助，能够轻松实现出行。

1.3 城市交通发展与绿色、智能、人文交通的关系

1.3.1 城市交通发展对“绿色”交通的需求与体现

随着小汽车保有量的迅速上升和交通需求总量的不断增加，能源短缺、空气污染、气候变化等问题日益突出。因此，未来我国城市交通向绿色方向发展已成为必然的选择，构建绿色交通体系已经成为我国众多城市的发展共识。我国城市交通发展中选择绿色交通的方向，主要原因如下。

1. 城市土地资源有限，必须选择集约高效的大运量交通运输模式

由于我国土地资源有限，建设紧凑型城市、对土地进行高强度开发和高效率使用，是我国城市的必然选择。人口密度大，需求强度大，是我国交通需求的基本特性，满足这样一个特性的交通系统必然是集约高效的大运量交通运输模式——公共交通为主导的交通系统。

表 1-3 是对城市的各种客运交通方式在运量、运输速度、资源占用等方面的比较。其中，对运量的比较是以一条机动车道为单位。

城市各种客运交通方式的运输特性比较 表 1-3

交通方式		运输速度（公里 / 小时）	道路面积占用（平方米 / 人）	运量（人 / 小时）	适用范围	特点
自行车		10 ~ 15	6 ~ 10	2000	短途	成本低，无污染，灵活方便
小汽车		20 ~ 60	10 ~ 20	小于 3000	较广	成本高，投入大，能耗多，污染严重
常规公交方式		20 ~ 50	1 ~ 2	小于 6000	中距离	成本低，投入少，人均资源消耗和环境污染较小
BRT		20 ~ 50	1 ~ 2	4000 ~ 15000	中距离	成本和投入相对少，人均资源消耗和环境污染相对小
轨道交通方式	有轨	30 ~ 60	0.5 ~ 1	6000 ~ 20000	中距离	成本和投入相对少，人均资源消耗和环境污染相对小
	轻轨	40 ~ 60	高架轨道：0.25 专用道：0.5	10000 ~ 30000	长距离	建设、运营成本较高，运输成本较低，能耗和环境污染小，运输效率高
	地铁	40 ~ 60	不占用地面面积	30000 以上	长距离	建设、运营成本高，运输成本较低，能耗和环境污染小，运输效率高

2. 为应对能源的紧缺和环境污染的加剧，亟须节能环保的交通方式

（1）能源紧缺，亟须耗能少的节能交通方式

随着我国经济的快速增长，能源消耗总量也迅速增加，目前已成为全世界最大的能源消耗国。石油对外依存度为 57%，我国的能源安全问题突出。

随着我国客货运输量的增长，交通运输业能源消耗的规模逐年上升，能源消耗的增速高于全社会能源消耗的增速，成为我国用能增长最快的行业之一。2010 年汽车消费成品油 1.5 亿吨以上，相当于 60% 的全年成品油产量（2.52 亿吨）。2011 年，石油作为交通运输燃料比重为 93%。

在城市中，私人小汽车在城市交通能源消耗体系中占主导地位，约占城市交通总能耗的 65%，远高于其余交通方式的能耗量。

据 2010 年的统计数据，每百公里的人均能耗，电车是小汽车的 3.4% ~ 4%，地铁为 5%，公共汽车为 8.4%。如果有 1% 的个体小汽车出行转乘公共交通，仅此一项全国每年将节省燃油 0.8 亿升。

（2）环境污染严重，亟须环保交通方式

2013 年年初，全国各城市空气出现严重污染情况——雾霾天气笼罩了大半个中国。机动车尾气是城市大气的主要污染源之一，其中 PM2.5 有 22.2% 来自机动车排放，58% 氮氧化物、40% 有机性挥发污染物来自城市机动车尾气（图 1-7、图 1-8）。

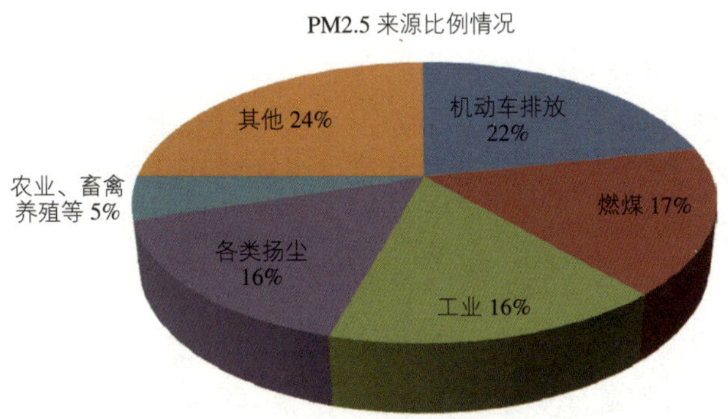

图 1-7　PM2.5 来源比例情况

数据来源：中国工程院城镇化课题组．中国特色新型城镇化发展战略研究 [R].2013.

严重的交通污染和交通能耗的不断增加，已经成为我国建设资源节约、环境友好型社会面临的严峻挑战，因此我国选择交通发展战略和发展模式时是必须考虑的重要因素——节能环保的绿色交通方式。

（3）城市交通问题的解决亟须绿色交通体系（步行、自行车、公共交通）

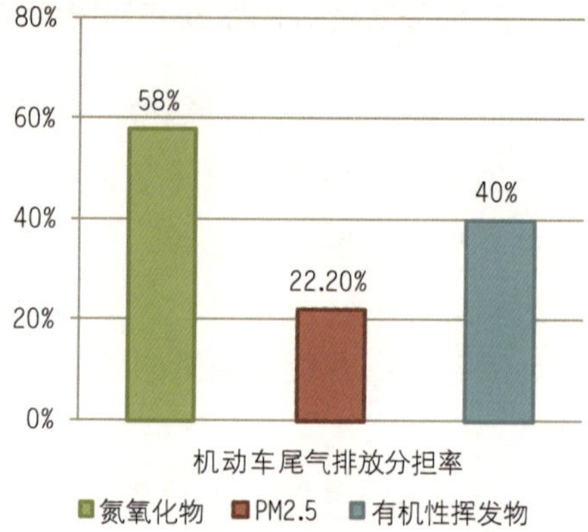

图 1-8　机动车尾气排放分担率

数据来源：中国工程院城镇化课题组．中国特色新型城镇化发展战略研究 [R].2013.

国内外经验表明，单纯依靠增加供给无法根本解决交通拥堵问题，大力推进公共交通发展是解决大城市交通问题的根本出路。中国城市正处于城镇化转型和综合交通体系构建的关键时期。对于特大城市和大城市来说，公共交通方式分担率越高，对缓解交通拥堵越有利。

2012 年 10 月，温家宝总理主持召开的国务院常务会议，通过了《关于实施城市公共交通优先发展战略的指导意见》，指出必须将公共交通放在城市交通发展的首要位置，根据城市实际发展需要合理规划建设以公共汽（电）车为主体的地面公共交通系统，包括轨道交通、快速公共汽车、现代有轨电车等，有条件的特大城市、大城市有序推进轨道交通系统建设，同时改善步行、自行车的出行条件。此外，国家启动了“公交都市”建设示范工程，计划在“十二五”期间建成 30 个公交都市。“公交都市”评价标准中规定有轨道交通的城市公共交通分担率应该超过 45%，无轨道交通的城市公共交通分担率应超过 40%。

同时需要充分发挥步行和自行车的出行优势。步行和自行车系统作为绿色交通系统的重要组成部分，以其低能耗、低污染、低成本的优势成为中、短距离出行的最佳选择，是其他机动化出行方式不可或缺的衔接组成。同时也是提升城市生活质量、建设宜居环境和实现可持续发展的必然选择[9]。

2012 年 9 月，住房和城乡建设部、国家发改委、财政部联合下发《关于加强城市步行和自行车交通系统建设的指导意见》（建城 [2012]133 号），要求各地要充分认识加强城市步行和自行车交通系统建设的重要性和紧迫性，全面推进城市步行和自行车交通系统建设，改善城市人居环境，促进城市可持续发展；要求到 2015 年，城市步行和自行车出行环境明显改善，步行和自行车出行分担率逐步提高。市区人口在 1000 万人以上的城市，步行和自行车出行分担率达到 45% 以上；市区人口在 500 万人以上的城市，步行和自行车出行分担率达到 50% 以上。

1.3.2 城市发展对“智能”交通的需求与体现

智慧城市是未来城市发展的重要方向。智慧城市能全面提高城市的综合管理效率和城市竞争力，支撑发展战略性新兴产业，引发科技创新潮流，提供更美好幸福的城市生活环境。

智能交通“点亮”智慧城市。智能交通能极大提高交通管理、决策的科学化水平，提高交通系统指挥和服务水平，改善交通系统的运行服务，实现交通信息共享，随时随地获取服务信息，为市民提供一个安全、便捷、高效、舒适的智能化交通环境，有力支撑智慧城市的建设与实现。

因此，也可以说建立以智能交通系统为主体的交通体系是未来交通发展的必然趋势，它将逐步改变传统交通的管理模式。在城市化进程和机动车保有量大幅攀升的双重因素推动下，交通智能化的发展趋势已不可逆转。我们应当立足现状、着眼将来，既要重视科技创新，也要注重以人为本，不断探索实践，努力打造适合我国交通特点的，融先进性、有效性、针对性为一体的智能交通管理系统，从根本上改善城市交通状况，促进人口、资源、环境与经济社会的协调发展。

1.3.3 城市发展对“人文”交通的需求与体现

城市的主体是人，城市交通发展战略是为人服务的，城市交通不仅应满足市民出行的基本要求，而且应当满足市民出行方式选择需求，不同收入、不同阶层、不同年龄市民具有同等使用道路资源的权利。同时“以人为本”的城市交通发展战略应体现城市中大多数人的观念，吸收公众广泛参与城市交通规划并监督城市交通发展战略的实施与管理[10]。

现阶段，随着居民生活水平和受教育程度的提高，人们对交通的要求由最开始的可达性逐渐向舒适性、便捷性和文明性转变。实际生活中存在诸多问题：

（1）城市交通设施人文关怀体现不够。很多交通基础设施缺少为残疾人、老年人服务的专用设备。

（2）城市交通规划建设未体现“以人为本”这一原则。例如：枢纽与地铁接驳换乘不便；枢纽与公交接驳换乘不便；枢纽出租车驻车场不足、服务中断现象普遍；枢纽接驳服务运营时间不合理，夜间到达旅客得不到有效保障；衔接方式结构比例不尽合理；运营信息及面向乘客的服务信息缺乏有效整合等（图 1-9）。

图 1-9　北京南站、北京站出租车换乘

图片来源：http：//image.baidu.com/

（3）城市交通建设对城市的文化、历史因素考虑不足。存在建设中破坏历史建筑风貌、毁坏文物古迹的情况，对当地文化传承及文物保护带来负面影响（图 1-10）。

图 1-10　交通建设对文物古迹历史容貌的影响

图片来源：http：//image.baidu.com/

（4）由于对交通文化的重视不足，缺乏深入持久的针对交通法规、交通安全知识与交通道德教育机制，使得交通违法现象严重，交通参与者的交通素质整体不高（图 1-11）。

图 1-11　交通参与者交通行为不规范、违法现象严重

图片来源：http：//image.baidu.com/

这些现象严重影响了居民对交通舒适性和便捷性的直观感受，也不利于城市文化的传承和交通的可持续发展。城市交通应坚持“以人为本”的原则，

建设“人文交通”。交通发展应以为市民提供安全、便捷、公平、和谐的交通服务为根本出发点，与经济社会发展相适应，与历史文化风貌相协调。建立与现代交通相适应的规划、建设、运营、管理体制机制，加强交通文明建设，提高现代交通意识，为城市正常运转和市民出行提供良好的交通环境。

同时，城市交通发展应理解出行需求的多维本质，并寻找满足出行需求的策略。认识出行需求的多维标准，旨在改变采用单一“经济指标”衡量城市交通发展的传统做法，现代城市交通发展除了经济指标，还应同时兼顾文化指标、政治标准等，以人为逻辑起点与落脚点。“发展的目标不仅是经济结构的改变、经济增长和收入得到理性的公平分配。发展的重要目标，应该是使人们普遍享有更多的自由和机会。”仅面向“提高整个交通体系的效率”的城市交通结构改善是不够的，还应在系统层面注重文化建设和文化权利的保护，注重公平、正义、自由等精神。

未来的人文交通，主要特点应体现在：

（1）以安全为前提

安全是“以人为本”的城市交通发展要考虑的重要因素，2012 年我国有 6 万人死于交通事故，交通事故在世界范围内已构成对人类安全和物质财产的巨大威胁，有悖于城市交通发展服务于人的宗旨。随着机动车水平的不断发展和人民生活质量的不断提高，提高交通安全性已经成为构建和谐社会、实现更美好的城市生活的关键问题。

（2）从人的需求出发，体现便捷、高效

便捷度指交通参与者参与交通的便捷程度，能集中体现交通参与者是否能够以最小的时间成本达到他们的出行目的。换乘的方便，配套设施的齐全（停车设施），轨道交通解决人和物在城市中的快速移动，这一切要依赖于高效率的城市交通体系。而在这个体系中，各种不同交通方式间的衔接无疑是最容易出现等候和产生延迟的环节，因此，必须加强不同交通方式间的衔接。所谓各种交通方式间的人性化衔接，就是在当前不能完全做到无缝联结的情况下，先实现不同交通方式间的发车、到达信息共享，相互间联网售票并设立各中心交通站点间高频次、快速的转运车辆，最大限度地方便换乘乘客，减少等候和延迟。

高效率是指各种交通方式合理分工、无缝衔接、无效交通少、行程时间短。高效率的交通运输系统，能够大大降低生产成本、促进实现区域经济圈及经济带发展战略、降低物流成本、提高城市的国际竞争力。城市交通的模式选择应使交通资源的利用具有高效率[10]。经济发展依赖社会分工和专业化程度的不断提高，但社会分工和专业化发展需要更多的人员流动，因此工业和商业发展在很大程度上依靠城市交通的畅通和高效率。效率低下的城市交通会抑制经济的增长。目前我国大城市交通拥堵现象严重，所以选择高效的城市交通发展模式显得极为重要。

同时，以人为本、与当地自然地理环境相协调的交通设施设计、传承地域文化的交通设施设计是以人为本的在设施方面的核心体现。

（3）增强交通意识，提高全民交通素质，形成良好交通文化

城市的现代社会交通意识是非常重要的方面，需要认识到交通出行同样是一种资源消费。对于社会公众来说，需要理解城市和区域的交通承载能力是有限的，即使政府和工程技术人员做出再大的努力，自然资源和环境资源也是无法承受无节制的交通消费。

因此，应培养交通意识，提高全民素质。注重以人为本，广泛开展各种形式的交通法规宣传教育活动，充分利用电视公益广告，交通安全进家庭、学校等形式，引导不同阶层的民众理解和谐交通的重要性，养成遵守交通规则的良好行为习惯，培养文明交通意识，才能真正解决好城市交通问题，使我国城市交通真正达到有序运行状态。

（4）社会更加包容和公平

城市交通应遵循公平性原则，每个城市居民都有共享城市交通资源的权利，有要求满足其交通需求的权利。保障公众的基本交通权利是模式确立的根本出发点和归宿点。所谓公众，对于城市客运交通而言，就是指选择每一种交通方式的出行者。城市交通模式选择应使城市的交通能够向市民提供到达市内任何地方的可达能力。公共交通能较好地体现公平性原则。

参考文献

[1] 东京都统计年鉴 2011.

[2] 东京都官方网站：http：//www.toukei.metro.tokyo.jp/index.htm

[3] 美国人口调查局网站

[4] 中华人民共和国 2012 年国民经济和社会发展统计公报 .

[5] 北京市统计局 . 北京市 2012 年国民经济和社会发展统计公报 .

[6] 上海市统计局 . 上海市 2012 年国民经济和社会发展统计公报 .

[7] 深圳市统计局 . 深圳市 2012 年国民经济和社会发展统计公报 .

[8] 张复明 . 城市定位问题的理论思考 [J]. 城市规划，2000，24（3）：54-57.

[9] 陆化普 .2012 年城市交通行业盘点与展望 [J]. 城市交通 . 2013（1）.

[10] 李俊 . 人性化城市交通发展的理论与应用研究 [D]. 武汉：武汉理工大学 . 2007.

第二章

绿色智能人文一体化交通的定义与内涵

改革开放之初，我国城市人口仅为 1.7 亿，城镇化率为 17.92%；2012 年底，我国城市人口已经达到 7.1 亿，城镇化率为 52.57%，年均增长 1.02 个百分点。1978 年，我国机动车总量仅为 140 万，2012 年底增长到 2.4 亿，年均增长 16.3% ，其中私人汽车保有量 9309 万辆 [1]。我国已经进入城镇化与机动化的快速发展期，城市交通面临严峻挑战。一方面，交通拥挤、事故多发、环境破坏等已经成为日益严峻的城市问题；另一方面，建设生态城市、绿色交通系统，形成安全、快捷、高效、舒适、环保、节能、以人为本的综合交通系统，既是我国城市的发展方向，也是我们面临的严峻挑战。

为简洁表述，我们将上述交通系统的发展方向高度概括为“绿色智能人文一体化交通”。它的主要特征是：绿色、智能、人文，它的实现途径是一体化。那么，这一交通系统的内涵是什么？它的核心内容和相互之间关系如何？怎样实现绿色智能人文一体化交通系统？如何通过案例示范等推动绿色智能人文一体化交通系统建设目标的实现？这些问题的回答均迫切需要理论方法支撑和示范工程引导。为此，清华大学和中国北车集团唐山轨道客车有限责任公司成立联合课题组，对上述问题展开了系统全面的研究。本书是联合课题组核心研究成果的概括总结。

本章首先讨论绿色智能人文一体化交通的定义与内涵。

2.1 绿色交通的定义与内涵

绿色交通既是理念，也是交通系统规划建设的指导思想和原则。基于绿色交通理念建设的城市交通系统是以减少交通拥挤、降低资源消耗、促进环境友好、节省建设维护费用为目标的城市综合交通系统。绿色交通的狭义概念更加强调交通系统的环境友好性，主张在城市交通系统的规划建设和运营管理过程中注重环境保护和生活环境质量。绿色交通的广义概念包含了推动公交优先发展，促进人们在短距离出行中选择步行和自行车的出行模式，节约能源、保护环境，建立公共交通为主导的城市综合交通系统等 [2]。

绿色交通的本质是建立维持城市可持续发展的交通体系，以满足人们的交通需求，同时注重节约资源、保护环境和社会公平。绿色交通具有明确的可持续发展的交通战略目标，能够以最少的社会成本实现最大的交通效率，与城市生态环境相协调，与城市土地利用模式相匹配，多种交通方式共存，优势互补。

2.2 智能交通的定义与内涵

智能交通系统（Intelligent Transportation System，ITS）是基于信息与计算机等先进技术和产品，以系统工程思想为指导，以交通工程原理为依据，以绿色交通为发展战略目标所形成的高度智能化的新一代交通运输系统。信息共享、系统整合、综合服务既是智能交通系统的本质特征，也是其发展建设的根本目标。

智能交通管理系统（Intelligent Transportation Management System，ITMS）是 ITS 的重要组成部分，也是 ITS 中最基础的部分之一。

城市智能交通管理系统通过把高新科技手段与最新的交通流优化控制理论等相结合，对整个城市或区域的交通系统进行全面实时监控，优化交通组织和控制，从而实现整个道路交通流的分布与交通网络通行能力的协调匹配，规范交通出行者的交通行为，全面提高整个交通系统的智能化水平，最大限度地发挥交通网络的通行效率，达到缓解交通拥堵、缩短旅行时间、降低能耗和污染、减少交通事故的目的[3]。

智能交通系统是智慧城市的重要组成部分，与智慧城市的其他部分一起，为人类提供更加智能、更加安全高效舒适的出行环境。

2.3 人文交通的定义与内涵

城市文化是城市的最高境界，是人们聚集到城市、过上美好城市生活的核心要素。一切城市问题的解决，美好城市环境的营造，最终都一定伴随城市文化的建立与发展，都将有赖于城市文化的最终发展和完善。城市交通也不例外，它的最终解决除了科学规划、智能管理外，人的交通行为和交通文化决定最终的城市交通水平。也就是说，人的规范的交通行为是设施发挥作用的前提条件。另一方面，交通系统的服务对象是人，要一切从人的需要出发，最大限度地满足人的多样化的出行需求，这也是交通运输系统规划建设的根本原则。

从这点出发，人文交通首先是形成良好的交通文化。随着社会进步和生活水平的提高，全体市民境界应更高、志向应更加远大、环保节能意识应更加深刻，共同保护好地球生活环境应该成为我们的共同追求。在此基础上的交通文化，应在交通方式选择、交通行为特征、交通安全意识等方面形成良好风气。其次，在交通设施建设方面，应突出体现“以人为本”，在交通发展过程中把为市民提供安全、便捷、公平、和谐的交通服务作为根本出发点，与经济社会发展相适应，与历史文化风貌相协调，与环境生态相一致，建立与上述目标相一致的规划、建设、运营、管理体制机制，加强交通文明建设，提高现代交通意识，为城市正常运转和市民出行提供良好的交通环境。再次，作为城市人工环境组成部分的交通系统，是城市物理系统的重要组成部分，因此要传承传统文化，营造城市特色，尊重城市历史文脉，避免对城市环境的干扰破坏。

2.4 一体化交通的定义与内涵

2.4.1 一体化交通的定义

一体化交通是指交通系统与土地使用高度协调、不同交通方式分工合理且无缝衔接、出行者享受多种交通方式一体化服务的城市综合交通体系。

2.4.2 一体化交通的内涵

一体化交通通过协调各级政府管理部门及其相关各方，实现交通系统与土地使用之间、不同交通方式之间、交通网络与枢纽之间、城市交通与城际交通之间、交通管理与交通服务之间的关系，使综合交通系统成为一个整体，从而实现交通系统与土地使用相协调、不同交通方式之间的合理分工和无缝衔接，实现提供一体化交通服务的目的，内涵主要包括五个方面：

一是交通系统与土地使用的一体化。交通系统既要支撑城市的空间发展战略，又要引导城市的发展，通过合理的土地使用布局实现减少交通需求总量和交通出行距离的目的。

二是不同交通方式间的合理分工和无缝衔接、零距离换乘。交通方式的合理分工直接关系到投资效益和决策的科学性，关系到绿色交通建设的成败，交通方式间的无缝衔接则是提高交通效率和方便程度的第一关键。从交通服务的角度看，实现了无缝衔接，才能提供高质量的全程一体化服务。

三是运营管理的一体化。设施一体化是前提，服务一体化是目的。针对每种交通方式的功能和特点的不同，通过实现运营管理一体化的交通服务，才能有效发挥各种交通方式的优势，减少换乘次数和换乘时间，提供高质量的运输服务。

四是交通服务的一体化。有了物理设施、运营管理的一体化，才能实现交通服务的一体化。一体化的交通服务，对出行者来说，才能实现安全、便捷、舒适、高效出行的目标；对于货物运输来说，才能实现一站式的运输服务。

五是交通综合管理机制的一体化，这是实现一体化目标的体制与机制的保证。交通系统是一个复杂巨系统工程，涉及多个部门、多个学科、多个环节，因此，只有建立起实现一体化的体制和机制，才能实现一体化的发展目标。

2.5 绿色智能人文一体化交通的定义与内涵

2.5.1 绿色智能人文一体化交通的定义

由上述分析可知，绿色智能人文一体化交通是指以满足人的交通需求为根本原则、以绿色交通方式为主要载体、以智能交通技术为显著标志、以人的交通文化提升为最高境界的高度一体化的城市综合交通系统。绿色智能人文一体化交通中，绿色智能人文是交通系统的主要特征，一体化是核心本质。也就是说，解决城市交通问题的关键是一体化，这个一体化交通应该具有绿色、智能、人文的特点。表 2-1 所示为一体化交通的核心内容和主要目的。

一体化交通的核心内容和主要目的　　表 2–1

序号	内容	目的
1	交通系统与土地使用的一体化（区域层面）	解决基于土地使用的交通需求不超过交通系统的承载力极限、交通系统有效支撑城市空间的发展战略和用地模式问题
2	交通方式的一体化（通道层面）	解决多种交通方式分工合作，避免重复投资和决策失误、避免恶性竞争和资源利用率低下，实现针对不同交通需求特性确立不同主导交通方式的目的
3	交通枢纽的一体化（节点层面）	交通枢纽的一体化是一体化的关键环节和核心载体，因为交通枢纽一体化既要解决与周边土地使用的一体化问题，也要解决不同交通方式的无缝衔接，零距离换乘问题
4	机制体制的一体化（管理层面）	交通系统是一个复杂巨系统工程，涉及多个部门、多个学科、多个环节，因此需要建立实现一体化的协调保障机制

2.5.2 绿色智能人文一体化交通的内涵

绿色、智能、人文是对一体化交通主要特征的描述，指出了一体化交通系统的发展目标、技术特征和服务本质。系统的发展目标是实现以绿色交通为主导的城市综合交通系统；系统的主要技术特征是信息化、智能化；系统的服务本质是以人为本、以满足人的合理出行需求为原则、以实现全体市民美好城市生活愿望为根本。绿色智能人文一体化交通在构建系统和实现交通发展目标方面的要点可以简单概括为：

（1）绿色交通的核心是交通结构；

（2）智能化是关键的技术支撑；

（3）人的行为是最具决定性的因素。

1. 绿色交通的内涵

“绿色”主要体现在：

（1）绿色交通方式为主导：短距离出行以步行、自行车为主；长距离出行以公共交通为主；

（2）绿色交通工具为主体：促进无污染、低污染的交通工具的推广使用；强化新交通工具的开发；

（3）绿色交通管理为手段：通过综合管理技术营造安全、顺畅、以人为本的交通系统环境。

2. 智能交通的内涵

“智能”主要体现在系统全面实现信息化与智能化，主要内涵包括：

（1）智能公交系统；

（2）智能慢行系统；

（3）智能交通管理系统；

（4）智能停车系统；

（5）智能特勤系统；

（6）智能化综合交通枢纽系统；

（7）智能交通规划管理辅助决策支持系统；

（8）多手段智能化信息服务系统。

3. 人文交通的内涵

交通系统以满足人的需求为中心，以形成良好交通文化为目标，以培育交通出行者的健康交通行为为途径，使交通文化成为良好城市文化的组成部分，使交通系统成为有生机活力城市的引擎和保障。

主要从以下方面考虑：

（1）以人为本、与当地自然地理环境相协调的交通设施设计；

（2）传承地域文化的交通设施设计；

（3）规范交通出行者的交通行为，促进形成良好的交通道德与交通文化。

参考文献

[1] 徐匡迪．中国特色新型城镇化发展战略研究（综合卷）[M]. 北京：中国建筑工业出版社，2013.

[2] 陆化普．城市绿色交通的实现途径 [J]. 城市交通．2009（11）.

[3] 陆化普等．智能交通系统概论 [M]. 北京：中国铁道出版社，2004.

第三章

中国城市交通发展策略研究

第三章

本章通过对中国城市进行分类，研究不同类型城市的交通发展策略，梳理出中国城市交通可持续发展“路线图”（不同城市规模、不同交通需求特性、不同自然地理条件对应不同的交通发展策略），以期为不同类型城市的交通发展战略、规划设计提供技术支撑。

3.1 城市分类及都市圈与城市群的区别

3.1.1 城市分类

一个城市的交通如何发展，以哪种交通方式为主体，建设多大规模的城市交通网络，关键要看这个城市的交通需求特性，以及城市发展所处的阶段特征。而交通需求特性的主要决定因素是城市结构和土地使用形态。上述影响因素可以粗略地通过城市规模，特别是城市人口规模（人口规模决定了总的交通需求规模）来反映。城市规模就是指城市的大小，它涵盖经济规模、人口规模和用地规模 3 种含义。经济规模是指城市中聚集的物质与经济要素的数量；人口规模是指城市人口的数量；用地规模是指城市规划区的土地面积。

在一定历史时期，在相近的社会经济条件下，城市的经济规模、用地规模与人口规模之间存在正相关关系，即人口多，经济规模就大，占地就多；反之，人口少，经济规模就小，占地就少[1]。因此，人们常常用城市的人口规模来表示城市的规模。在城市交通问题上，也常常直接用城市人口规模乘以“人均出行次数”（即居民平均每日的出行次数）来计算城市一日的交通出行总量。

为了更好地对我国城市交通发展策略进行研究，首先需要对我国城市进行分类，表 3-1 为 2004 年国家统计局依据城市规模进行的城市分类。

国家统计局城市规模划分（2004 年）　　表 3-1

城市规模	人口数	全国此类城市数目
巨型城市	>1000 万人	3
超大城市	500 万 ~ 1000 万人	6
特大城市	200 万 ~ 500 万人	25

续表

城市规模	人口数	全国此类城市数目
大城市	100 万 ~ 200 万人	72
中等城市	50 万 ~ 100 万人	113
小城市	<50 万人	441

不同类型城市的交通需求特性见表 3-2。

巨型城市、超大城市、特大城市交通系统的主要区别　　　　表 3-2

城市规模	特点与区别
巨型城市	轨道交通覆盖面广，形成轨道交通网络，轨道交通分担率占全交通方式分担率 50% 以上
超大型城市	由轨道交通覆盖主要交通走廊，轨道交通为骨干，常规公交为主体，轨道交通分担率占全交通方式分担率 30% 以上
特大型城市	根据需求特性，由轨道交通满足通道交通需求，以 BRT 和常规公交为主形成公共交通网络，轨道交通分担率占 20% 以上

但是单单基于人口规模对中国城市进行分类，研究其交通发展策略还是明显不足的，对于城市的特殊需求还应考虑针对旅游城市及城市群制定相应的城市交通发展策略。

3.1.2　都市圈与城市群的区别

为深入分析探讨都市圈和城市群的交通需求特性和交通发展战略，笔者给出都市圈和城市群的概念如下。

都市圈是以一个首位度占明显优势的核心城市为中心，以通勤范围为空间区域，由若干城镇组成的具有具体功能的社会实体。不管都市圈的规模是大是小，都市圈中的城镇都是一体化的城市集合，是一日通勤圈、生活圈和活动圈。都市圈的交通需求以客流为主，是每天的、频繁的生产与生活出行需求，呈现明显的峰值特性与高频度特性。其结构特性和城市关系如图 3-1 所示。

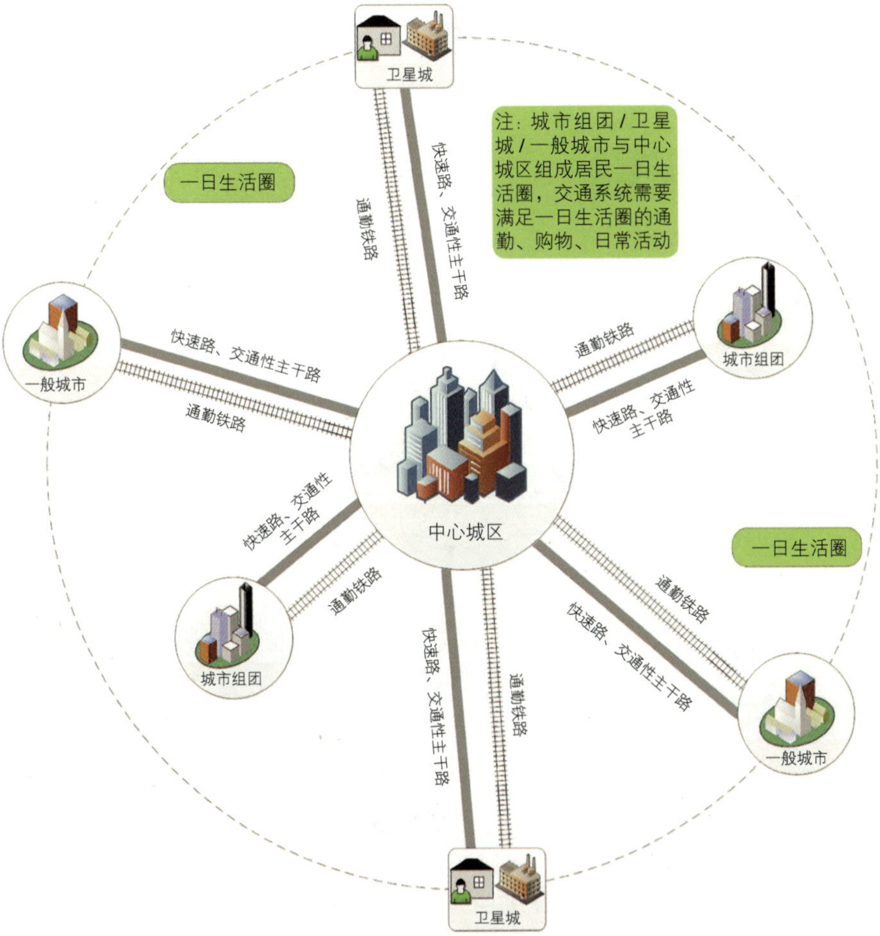

图 3-1　都市圈结构特点与交通供求特性

图片来源：笔者绘制

城市群是城市发展到成熟阶段的最高空间组织形式，是在地域上集中分布的若干城市和特大城市集聚而成的庞大的、多核心、多层次的城市集团，是生产要素、空间资源和流通市场一体化优化的对象空间（图 3-2）。同都市圈相比，城市群主要是生产要素、生产力以及生态环境等相互依托，相互之间有紧密联系，有较强的产业关联，有传统的工商业交流和互相依赖关系，可以一体化优化从而实现提高生产效率、经济效益和环境效益的城市群体。和人员交流相比，城市群之间更突出的是生产资料、半成品和产品之间的物流和交换配合需求。

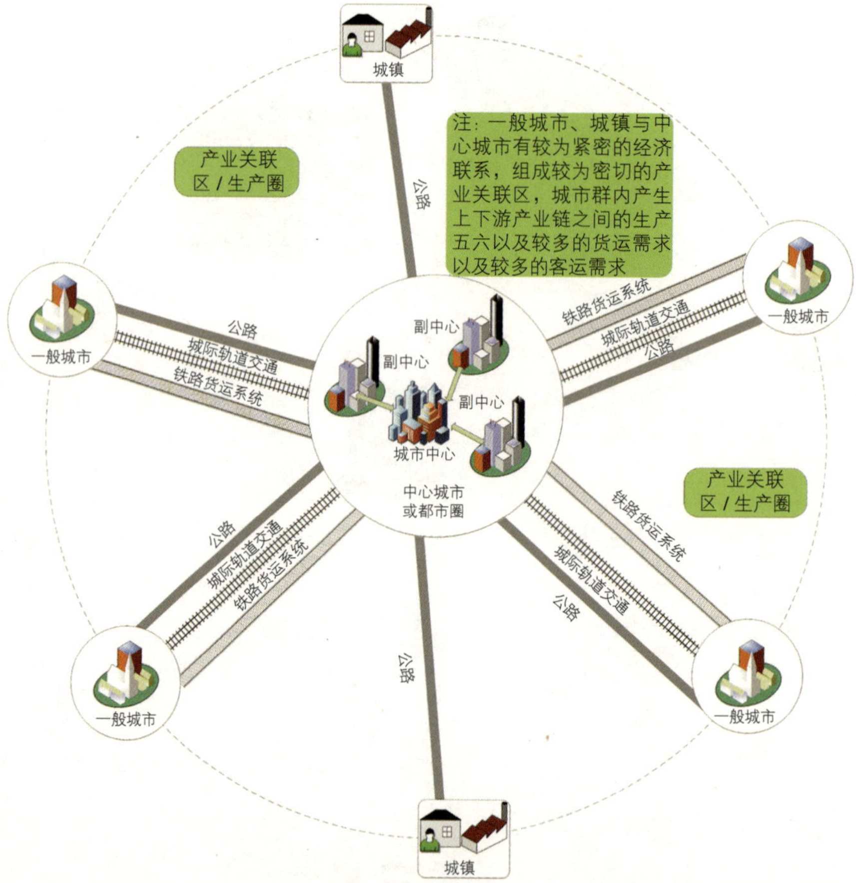

图 3-2　城市群结构特点与交通供求特性

图片来源：笔者绘制

从城市运营成本（包括显性成本和隐性成本）和宜居程度的角度来说，都市圈的规模不宜无限制的扩大。否则会造成大量的难以解决的城市问题。都市圈与城市群的区别见表 3-3。

都市圈与城市群的异同比较　　表 3-3

类型	都市圈	城市群
城市规模与范围	半径 80 公里以内	可更大范围
结构与紧密度	多中心组团城市，组团间交流频繁	多个独立城市，有较多联系
交通需求特性	通勤交通； 购物交通； 每天的日常活动出行	原材料、半成品运输； 上下游产业链之间的物流需求； 相对于其他以外城市，城市群内的城市之间有较多的人员交流，但完全不同于都市圈的通勤交通
交通结构特点	提供组团间的通勤铁道客运服务； 公交化运营模式	便捷的货运通道； 为城市间较多的人员联系交通提供服务
核心特征	一日生活圈	关联较为密切的生产圈； 产业关联区

3.2 不同城市交通发展策略

3.2.1 巨型城市交通发展策略

城市交通拥堵问题是所有巨型城市面临的共同难题。尤其在城市人口规模不断扩大，建设用地不断扩展，机动车拥有量仍然不加控制地快速增长的态势下，巨型城市面临的交通挑战形势严峻。

为了很好解决巨型城市交通问题，巨型城市交通发展模式应为以轨道交通为主体、常规公交为辅助、步行和自行车为补充，强化一体化综合交通枢纽核心作用的综合交通系统。

巨型城市的结构多为组团结构，有一个较强的城市中心，形成以轨道交通为主体，各种交通方式紧密配合、功能互补、多层次服务、以人为本的综合交通系统。东京在交通系统方面是这类城市的成功案例。东京在土地利用方面形成了单中心结构，产生了巨大的长距离通勤出行，城市运行成本巨大。然而，面对这样的交通需求特性，东京建立了以轨道交通为主体的强大的综合交通系统，实现了绿色交通主导，取得了巨大成功。巨型城市除应考虑中心城区内长距离出行以轨道交通为主、中近距离出行以步行自行车为主的绿色交通主导模式外，还应考虑外部组团与中心城区通过轨道交通或 BRT 系统联系起来。

为了实现城市交通的良性发展，不同主导功能区之间应协调发展，组团内的居住条件与就业岗位应保持基本平衡，从而实现就近就业的目标。这是一种可持续的发展模式，也是我国巨型城市的发展方向。

交通发展策略：

（1）中心城区以轨道交通为主体，形成运量大、通达性好的完善轨道交通网络系统。

（2）组团与城市中心间以大运量、快速度的轻轨交通或 BRT 等为主导，保证城市外围区与中心城区的快捷联系，提供强大的通道交通运输能力，支撑新城发展。

（3）组团间形成以公交为骨干，根据交通需求特性，形成道路公交或有轨电车为主导的综合交通通道运输系统。

（4）加强综合换乘枢纽的建设，形成无缝衔接、零距离换乘综合枢纽。

多种类型的轨道交通、快速干道和综合换乘枢纽构成城市交通网络系统的主骨架，以各种形式的路面公交为补充形成完善的城市公共交通系统；同时发挥自行车在短距离出行中的作用，有效地调控私家车的分担比例，理想状态是私家车分担率控制在10%以内，不同交通方式共同形成大、中、小容量相结合，高效率、高可达性的立体化现代综合交通体系。

1. 以轨道交通网为主体

城市轨道交通是一种快速、准时、安全、舒适、大运量的客运交通系统，是大城市交通的重要组成部分，在城市客运交通中起着骨干作用。城市轨道交通主要包括地铁、轻轨、市郊铁路、有轨电车、磁悬浮列车等，具有速度快、运量大、污染小、安全性高的特点，是缓解大城市、特大城市交通堵塞的利器和出路。

巨型城市应该建设以轨道交通系统为主体的综合交通体系。据调查，目前我国巨型城市的单向断面流量已长期处于流量很大且继续增长态势，只有发展轨道交通才能缓解巨型城市道路交通压力。巨型城市中心城区因人口密集、土地资源有限，应积极开发利用地下空间，在已有的地铁系统的基础上，不断完善城市轨道交通网。这种轨道交通模式具有较密的线路、较近距离的站点分布，安全并且土地资源利用率高，特别适合沿线居住和就业密度高，客流量大的情况，这也是TOD开发模式最适合的区域。城市外环路辅助轻轨线网来增强远郊及城市边缘地区与城市中心的联系。轻轨具有运量大、速度较快且造价较低的特点，适合作为连接巨型城市中心区域与郊区或中心城与卫星城之间的大运量交通走廊。与中心城区轨道交通网络相连接，构筑完整的轨道交通线网，提高轨道交通网络运营效率。

2. 道路公交全面完善

虽然巨型城市交通发展以轨道交通线网为主体，但轨道交通的覆盖范围毕竟有限，无法实现门到门服务。所以必须依靠道路公交作为补充，道路公交具有灵活性高、可达性好、建设造价低、经营灵活等特点，可与轨道交通进行互补。道路公交可采用快速公交（Bus Rapid Transit，BRT）与常规公交两种形式共同发展。在中心城区，地面交通压力较大，轨道交通客流分担率较高，道路公交辅助轨道交通方便乘客到达目的地，外围地区相对来说面积大、人口密度低，轻轨交通无法解决覆盖率问题。道路公交将与轨道交通共同分担出行客流。

在当前情况下，应继续完善以快速路和主干路为骨架，次干路和支路为基础，各级道路层次结构和衔接合理的道路网络。应充分利用已有城市快速路和主干路网，扩大地面公交专用道的总里程，形成地面公共交通专用道网络系统。

此外，公交专用道的设置应配合实施必要的交通管理措施，如在某些路口设置公交车左转专用相位、为公交车增加专用的转弯车道等。逐步增加公交专用道的数量和公交信号优先，使公交车辆运行更加快捷准时。在时间和空间通行权上实现公交优先，实现节能环保、畅通高效、以人为本的目的。

3. 确立自行车近距离出行和与公共交通的接驳的功能定位

自行车交通在大城市扮演两种角色。其一是作为近距离出行的主要出行方式；其二是作为大城市公共交通的衔接交通方式，即所谓的最后一公里的主要交通方式。自行车交通具有灵活方便、购买和使用成本低廉、有利于健身和环保、占用道路面积较少等优点，是先进城市广泛认可和积极推动的重要交通方式。斯德哥尔摩全天的自行车分担率高达 35%，阿姆斯特丹全天的自行车分担率为 34%，他们均建立了良好的自行车文化。他们通过建立自行车专用道路网等措施来促进自行车交通的发展，充分发挥了自行车在短距离出行和换乘中的作用。

4. 建立安全便捷温馨的步行通行空间

步行出行不但是环保节能的交通方式，而且是促进身体健康和社会健康的最重要、最合理的出行方式。统计数据表明，无论城市规模多大，都离不开步行，因为步行不仅是短途出行的绿色交通方式，而且也承担着与公共交通方式的衔接和换乘的任务。所以，无论是国内还是国外，无论是大城市还是中小城市，一般来说，步行分担率都在 20% ~ 30%，有的城市甚至更高。比如，巴黎 105 平方公里的中心城区范围内，步行出行分担率高达 54%。

5. 综合换乘枢纽

由于巨型城市交通方式的多样性，高效率的综合交通枢纽建设具有更加重要的意义。比如，日本东京的新宿综合交通枢纽，每天客流超过了 400 万。综合交通枢纽是实现交通与土地利用一体化、绿色交通主导的关键。综合换乘枢纽的交通衔接主要包括与轨道交通的衔接、与公交系统的衔接、与步行自行车的衔接和与私人小汽车的衔接。综合换乘枢纽是交通网络的交汇点和转换点，通过交通衔接系统将各种交通方式内部、各种交通方式之间、私人交通与公共交通、市内交通与对外交通有效衔接，发挥出交通体系的整体效益和综合优化效果。为乘客提供方便快捷的中转换乘服务，从而提高交通系统综合效率，对于改善城市交通状况和缓解城市交通拥挤具有重要意义。

此外，综合换乘枢纽还承担城市对外的客运交通（如铁路、城际铁路、长途客运、航空）与城市内部客运系统的衔接，选址布设在火车站、客运站、机场等城市对外客运交通集散点，需要建设大型的复杂的综合建筑体为乘客提供便利的换乘需求，满足连续的大量的集中的客流的快速集散。

6. 加强中心城区与周边地区及其他城市组团的交通联系

在中心城区与周边地区及与城市其他组团之间，应根据各自的交通需求特性，选择市域快线系统或市郊铁路系统及 BRT 等不同的主导交通方式，促使近郊与中心城区交通一体化。近郊全面融入市区，缩小城乡差异。新城内部尽量实现职住均衡，具有比较独立的城市功能，内部以步行自行车为主，与主城之间以公共交通为主导。

组团城市是城市同心圆圈层发展的理想疏导方式，通过在城市周边发展不同功能定位的城市组团，各组团与中心组团通过公共交通进行有效联系，根据交通需求特性确定主导交通方式，比如，以轨道交通为主导，提供强大的通道交通运输能力，组团内以常规公共交通 + 自行车 + 步行为主。

3.2.2 超大型城市交通发展策略

超大型城市交通发展模式应为“轨道交通 + 快速公交 + 常规公交 + 自行车 + 步行”的模式。超大型城市结构宜为组团结构，有一个较强的城市中心，组团内居住与工作基本平衡，组团内就近工作应占较大比例。

交通发展策略：

（1）组团与城市中心间，组团间以轨道交通为主导，提供强大的通道交通运输能力；

（2）轨道交通支线、公交干线进入各组团客流集散点；

（3）组团内以常规公交系统 + 步行 + 自行车系统为主。

超大型城市以轨道交通为骨干，道路公交为主体，全面实施“公交优先”的发展战略，尽快形成完善的城市快速公共交通系统（BRT），并在城市中心区尤其是 CBD 地区实行限制机动车等措施，同时发挥自行车在短距离出行中的作用，并有节制地适量发展自用乘用车，合理设置换乘枢纽，共同组成多元化的现代交通体系[2]。生态城市单元构成城市的基本单元，单元内出行以步行 + 自行车为主。

在中心区，宜发展大运量城市轨道交通系统，缓解市内交通压力。在外围区，宜发展轻轨交通等中运量城市轨道交通系统，保证城市外围区与中心区的快速联系，支持新城发展。

1. 由轨道交通承担交通走廊需求

超大型城市在城市建成区以轨道交通为骨干，轨道交通网络具有运量大、站点密的特点，实现快速到达目的。同时，在城区与城市边缘组团之间提供强大的通道提供公共交通运输能力，主要承担组团与城市中心区的客运量交通量，实现长距离大运量的快速运输，构建外围地区与中心区的交通走廊。

2. 道路公交全面覆盖

在无轨道交通线路且具备设置 BRT 条件的城市干路上，布设城市快速公交走廊作为大运量客运交通服务空白区域的客运交通干线补充，承担客运量介于轨道交通与常规公交之间的长距离快速客运交通。

常规道路公交可以主要服务于各自运营区域内的客运交通，有助于增加各地区的公交线网密度，提高公交站点有效覆盖率，改善各地区的公交服务水平。同时，应重视公交专用道系统的设置。

公交干线也是各组团内客流集散点间的重要交通方式，组团内的各功能用地间的交通出行以常规公交系统 + 自行车 + 步行为主。

3. 重视自行车及行人的出行需求

超大型城市的交通发展也应重视自行车及行人的出行需求，积极发展绿色交通。

公共交通的运行效率也依赖于慢行交通的充分整合，超大城市应重视慢行交通系统建设和完善，为步行和自行车出行创造条件，并积极解决好步行、自行车与公共交通的接驳换乘问题。为此，不仅要优化公交站点布置，将乘客的步行时间控制在合理的范围内，而且要为乘客创造一个安全、和谐的步行空间。

3.2.3 特大型城市交通发展策略

特大型城市宜采取“轨道交通 + 道路公交 + 自行车 + 步行”的模式，

形成组团之间联系相对紧密，可以有多于一个的城市中心的组团结构，实现组团内居住于工作基本平衡。

充分发挥自行车在短距离出行中的作用，并适量发展自用乘用车，共同组成适应性强、机动、灵活的交通系统。实现组团内各功能用地间的交通出行以道路常规公交 + 自行车 + 步行为主的方式，并且小单元内出行以自行车 + 步行为主。

3.2.4 大型城市交通发展策略

大型城市可采用“轨道交通 / 道路公交 + 自行车 + 步行”的模式，条件具备的情况下可以沿主要客流通道建设大运量轨道交通。轨道之外建立以快速公交为骨干、常规公交为主导，功能层次明晰、网络布局合理、换乘衔接方便的公交服务体系。引导私家车有序发展、合理使用。重视慢行交通系统建设和完善，为步行和自行车出行创造条件。

大型城市组团间以轨道交通或公交干线（快速公交、大站快车）为主导，提供强大的通道交通运输能力；轨道交通、公交干线（快速公交、大站快车、常规公交干线）进入各组团客流集散点。在主要出行方向上设置公交专用道及中运量、普速主干型的轻轨交通作为城市的主要交通走廊。还应制定并逐步实施“公交优先”的措施，提高公交的适应性，形成快速公交道路网络系统。

大型城市也应引导私家车有序发展，合理使用。重视慢行交通系统建设和完善，为步行和自行车出行创造条件。

3.2.5 中型城市交通发展策略

市区人口规模 50 万 ~ 100 万的中型城市交通发展策略为：以“常规公交 + 自行车 + 步行”模式为主导，形成单核圈状城市，划分功能片区，避免单一功能集中某一个片区。片区间的交通出行以常规道路公交系统为主导，片区内各功能用地间的交通出行以自行车 + 步行为主。生态城市单元构成城市的基本单位，单元内的出行以步行 + 自行车为主，单元间的出行以公共交通为主。此外，针对该类城市宜根据实际情况（旅游、历史文化需求、客流需求等），可以规划建设现代有轨电车。

3.2.6 小型城市交通发展策略

小型城市城区一般都具有结构紧凑、用地类型混合度高等特征，居民出行距离多数在步行和自行车交通的合理服务范围内。

因此该类城市交通出行策略应以自行车及步行为主，灵活便利，交通资源向行人与自行车倾斜，比如道路横断面资源70%以上通行空间给行人和自行车；可采用道路公交连接城市主要通道。生态城市单元构成城市的基本单位。

3.2.7 旅游城市交通发展策略

对于旅游城市来说，发展与旅游城市特性相适应的环保交通模式—慢行交通模式是未来旅游交通的发展方向。旅游城市交通模式的发展在向环保大容量的公共交通转型的同时还要考虑城市本身的特殊性，制定合理的交通策略，保证旅游与城市共生协调发展[3]。

1. 大力发展特色公共交通

城市公共交通是城市交通的重要组成部分。合理规划城市公共交通在加快城市化进程、培育和发挥城市综合功能、促进经济增长等方面起着决定性的作用。

旅游城市公共交通应根据城市规模发展与之相适应的交通方式，有针对性地选择有轨电车、道路公交、慢行交通等特色交通方式。

2. 注重公共交通的安全、便捷及舒适性

旅游城市对公共交通的安全性、便捷性及舒适性要求较高。公交系统的安全性应体现在公交站点的乘客过街和车内体验两方面，通过引进合适的车型提高公交系统的舒适性。

游客对旅游城市交通的陌生是影响其质量的因素之一。因此，旅游交通必须清晰明确地告诉游客城市为其提供何种交通方式，各种交通方式如何换乘能够更方便地到达游览目的地。

3. 发展可持续的交通方式

交通方式就是游客对交通工具的选择。游客到达旅游目的地城市后，根据自身的旅游需求选择不同的交通工具。旅游城市需要低污染，高效率，

运量大，低成本，可达性好，对景观影响小的交通方式。

现代有轨电车作为大运量交通运输工具，对于旅游城市而言优势明显，具有造价低廉、清洁无污染、建设周期短、运营效率高、舒适度优越、布局灵活以及易于审批等众多优点，在解决城市内部交通方面与其他公交系统相比更加适合旅游城市发展。

同时，完善旅游城市慢行通道，通道布局可灵活自由，街巷、人行道、林荫道、滨水通道都可作为旅游城市的慢行通道。风景化的慢行交通，可大大提高旅游设施的可达性，同时也增加了游览性。

3.2.8 城市群交通发展策略

城市群是指在特定的地域范围内具有相当数量的不同性质、类型和等级规模的城市，在一定的自然历史环境和经济发展机制下，以 1 ～ 2 个特大或大城市核心，借助于综合运输网的强大联系，形成一定的相互依存关系，并日益成为经济发展合作共赢、优势互补、形成较强产业关联性和紧密商业贸易关系的相对完整的城市集合体[4]。

我国在“十五”计划纲要中首次提出“城镇密集区”概念，并将“城市群”写进了“十一五”规划建议和“十二五”规划纲要之中，上升为国家发展战略。没有完备的公共交通系统，城市群几乎就不会形成。方便、快捷的交通网络体系建设，是确保城市群一体化发展的前提和支撑。

各个城市群内为居民和流动人口提供乘用的公共交通包括定时定线行驶的公共汽车、无轨电车、有轨电车、中运量和大运量的快速轨道交通，以及小公共汽车、出租汽车、轨道缆车、索道缆车等交通工具及其配套设施。各种公共交通工具之间相互配合，以不同的速度、运载能力、舒适程度和价格为乘客服务。城市群的公共交通除包含城市内公共交通的服务范围外，还涵盖了城际交通这个大项。在城市群区域发展中，城际轨道交通具有铁路干线、道路公交在速度、舒适度、运营模式等方面无法比拟的优点，因此城际轨道交通是解决当前城市群之间交通问题的关键。

城际轨道交通具有速度快、舒适、安全可靠、运费较低、运能大、利于环保等其他交通方式无法比拟的众多优势。它能节省出行者的出行时间和费用，减少交通事故；能节约土地、有效保护耕地资源；能节约能源，提高能源利用效率；能减少大气污染，降低环境噪音，有效保护环境，逐步完成满足城市群“一小时通勤圈”的交通需求。

城际轨道交通是城市群发展规划的一个有机组成部分和对城市群发展

的重要引导力量，因此轨道交通体系必须和城市群整体规划同步制定，协调整合。城际轨道交通规划应与城市群总体发展规划、功能规划、城镇布局规划等有机地结合起来，真正发挥城市群轨道交通对城市群发展的支撑和引导作用[5]。

3.2.9 不同类型城市交通发展策略汇总

不同城市交通发展策略如表 3-4 所示。

不同类型城市交通发展策略　　表 3-4

城市类型	主要特点	交通发展策略
巨型城市	多为组团结构，通常有一个较强的城市中心，形成以轨道交通为主体、常规公交为辅助、步行自行车为补充的综合交通系统，轨道交通分担率应占 40% 以上	形成轨道交通骨干网，配合完善的常规公交接驳换乘体系以及在轨道交通没有覆盖区域，建立可达性高的常规公共交通服务体系，从而提高整个公交系统的覆盖率和可达性；一体化综合交通枢纽建设是提高交通运输系统效率、实现绿色交通系统主导的关键；提供良好的自行车和步行通行空间，短距离出行以步行和自行车为主；私家车分担率控制在 10% 以下。 （1）中心城区以轨道交通为主体，普通公交为衔接系统形成高运量、通达性好的公共交通服务体系； （2）各组团与城市中心间以轻轨 / 有轨电车为主要交通方式，保证城市外围区与中心城区的联系，提供强大的通道交通运输能力，支撑新城发展； （3）组团间根据交通需求特性提供有轨电车、快速公交或常规公交服务
超大型城市	组团结构，有一个较强的城市中心，除应考虑城区内交通衔接，还应考虑外部组团与中心城区的交通联系	轨道交通网 + 道路公交 + 自行车 + 步行 + 综合换乘枢纽 （1）组团与城市中心间以轨道交通为主导，提供强大的通道交通运输能力； （2）组团间根据需求特性提供轨道交通、BRT 或常规公共交通服务； （3）组团内以常规公交系统 + 步行 + 自行车系统为主
特大型城市	组团之间联系相对紧密，可以有多余一个的城市中心的组团结构，实现组团内居住于工作基本平衡	轨道交通 + 道路公交 + 自行车 + 步行 （1）组团间以轨道交通为主导，提供强大的通道交通运输能力； （2）轨道交通支线、公交干线进入各组团客流集散点； （3）组团内各功能用地间的交通出行以常规公交系统 + 步行 + 自行车系统为主
大型城市	组团结构，组团间联系相对紧密，多中心	轨道交通 / 道路公交 + 自行车 + 步行 （1）根据交通需求特性沿主要客流通道建设大运量轨道交通； （2）其他交通通道建立以快速公交为骨干，常规公交为主体，功能层次明晰、网络布局合理、换乘衔接方便的公交服务体系；引导私家车有序发展，合理使用； （3）重视慢行交通系统建设和完善，为步行和自行车出行提供良好条件
中型城市	单核圈状结构，划分合理功能片区，避免功能集中某一个片区	常规公交 + 自行车 + 步行 （1）片区间的交通出行以常规道路公交系统为主导，片区内各功能用地间的交通出行以自行车 + 步行为主； （2）生态城市单元构成城市的基本单位，单元内以步行 + 自行车为主； （3）宜根据实际情况（旅游、历史文化需求、客流需求等），规划建设现代有轨电车

续表

城市类型	主要特点	交通发展策略
小型城市	单核圈状结构，居住与生活配套设施同步完善	自行车＋步行为主，常规公交为辅 （1）片区间的交通出行以快速公交、常规公交系统为主； （2）片区内各功能用地间的交通出行以步行＋自行车系统为主
旅游城市	流动人口多，对城市交通枢纽至景区的交通连续性要求高，交通应体现城市特色	环保舒适交通模式 （1）提高公共交通的安全性、便捷性及舒适性； （2）注重增强旅游城市的交通特色建设，比如现代有轨电车、空轨等
城市群	多以发达的超大、特大型城市和对外港口作为发展极，周围有较多大中型城市，超大特大城市往往为城市群的中心和交通枢纽，城市群之间的城际交通需要很大	提供城市群间快捷的公共交通服务 （1）公共交通既涵盖城市区域交通，又涵盖城际交通； （2）根据需求建立起多层次的符合生态及环保要求的城市群轨道交通体系

我国城市轨道交通在规模发展的同时将会注重模式的多样性，避免出现目前我国各大城市已建和在建的轨道交通功能层次结构不尽合理的状况。

未来城市应从城市出行需求构成的实际状况出发，合理选择适宜不同出行需求类型的轨道交通模式与运量等级，按合理比例级配构建经济合理的多元化轨道结构体系，而不是一味热衷于建设适合城市中心区高强度客流的地铁，忽视支持城市功能疏解、引导城市空间结构优化调整所需要的市域轨道交通、市郊铁路，以及提高城市中心区轨道交通可达性所需要的中低运量等级有轨电车系统。

3.3 城市交通发展相关政策

近年来，针对我国城市交通发展，国家陆续的出台了一些相关政策，以引导我国未来的城市交通发展方向，具体政策见表 3-5。

我国城市交通发展相关政策及文件　　　　表 3–5

出台时间	出台部门	政策及文件名称
2012 年 12 月	国务院	《国务院关于城市优先发展公共交通的指导意见》
2012 年 9 月	住房和城乡建设部、国家发改委、财政部	《关于加强城市步行和自行车交通系统建设的指导意见》
2012 年 7 月	国家发改委	《“十二五”综合交通运输体系规划》

续表

出台时间	出台部门	政策及文件名称
2012年1月	17部委联合下发	《“十二五”节能减排全民行动实施方案》
2011年5月	交通运输部	《交通运输“十二五”发展规划》
2011年3月	国务院	《国民经济和社会发展第十二个五年规划纲要》
2004年	建设部	《关于优先发展城市公共交通的意见》
2003年	国务院	《国务院办公厅关于加强城市快速轨道交通建设管理的通知》

1.《国务院关于城市优先发展公共交通的指导意见》

在《国务院关于城市优先发展公共交通的指导意见》中提到要把握方便群众、加强与其他交通方式的衔接，发展低碳、高效、大容量的城市公共交通系统的科学发展原则，因地制宜，根据城市功能定位、发展条件和交通需求等特点，科学确定公共交通发展目标和发展模式。明确城市公共交通的主导方式，选择合理的建设实施方案，建立适宜的运行管理机制，配套相应的政策保障措施。

科学研究确定城市公共交通模式，具体来说是根据城市实际发展需要合理规划建设以公共汽（电）车为主体的地面公共交通系统，包括快速公共汽车、现代有轨电车等大容量地面公共交通系统，有条件的特大城市、大城市有序推进轨道交通系统建设。提高城市公共交通车辆的保有水平和公共汽（电）车平均运营时速，大城市要基本实现中心城区公共交通站点500米全覆盖，公共交通占机动化出行比例达到60%左右。

同时《国务院关于城市优先发展公共交通的指导意见》中还提到，要保障公共交通路权优先。优化公共交通线路和站点设置，逐步提高覆盖率、准点率和运行速度，改善公共交通通达性和便捷性。增加公共交通优先车道，扩大信号优先范围，逐步形成公共交通优先通行网络。集约利用城市道路资源，允许机场巴士、校车、班车使用公共交通优先车道。增加公共交通优先通行管理设施投入，加强公共交通优先车道的监控和管理，在拥堵区域和路段取消占道停车，充分利用科技手段，加大对交通违法行为的执法力度。

2.《关于加强城市步行和自行车交通系统建设的指导意见》

住房和城乡建设部、国家发改委、财政部联合发布的《关于加强城市步行和自行车交通系统建设的指导意见》中要提到充分认识城市步行和自行车交通的重要性。提出具体的发展目标：大城市、特大城市发展步行和自行车交通，重点是解决中短距离出行和与公共交通的接驳换乘；中小城市要将步行和自行车交通作为主要交通方式予以重点发展。到2015年，城市步行和自行车出行环境明显改善，步行和自行车出行分担率逐步提高。市区人口在1000万以上的城市，步行和自行车出行分担率达到45%以上；市区人口在500万以上、建成区面积在320平方公里以上或人口在200万以上、建成区面积在500平方公里以上的城市，步行和自行车出行分担率达到50%以上；市区人口在200万以上、建成区面积在120平方公里以上的城市，步行和自行车出行分担率达到55%以上；市区人口在100万以上的城市，步行和自行车出行分担率达到65%以上；其余城市，步行和自行车出行分担率达到70%以上。

3.《"十二五"综合交通运输体系规划》

国家发改委《"十二五"综合交通运输体系规划》中提出要优先发展公共交通，提高公共交通出行分担比例。积极发展多种形式的大容量公共交通，提高线网密度和站点覆盖率，构建安全可靠、方便快捷、经济适用的公共交通系统。根据不同城市规模和特点，制定差别化的轨道交通发展目标，有序推进轻轨、地铁、有轨电车等城市轨道交通网络建设。市区人口超过1000万的城市，逐步完善轨道交通网络。市区人口超过300万的城市，初步形成轨道交通网络主骨架。市区人口超过100万的城市，结合自身条件建设大容量地面公共交通系统。

同时要求建设城际快速网络。以轨道交通和高速公路为骨干，以国省干线公路、通勤航空为补充，加快推进城市群（圈、带）多层次城际快速交通网络建设，适应城市群发展需要。

此外，《"十二五"综合交通运输体系规划》中还提到旧城改造和新城开发必须坚持交通基础设施同步规划和建设，发挥大容量公共交通在引导城市功能布局、土地综合开发和利用等方面的作用。

推进重点开发区域城市群的城际干线建设，构建都市交通圈。加快中心城市到区域主要城市的城际快速通道建设，发展较快的城市群区域，以轨道交通和高速公路为主。

4.《交通运输"十二五"发展规划》

《交通运输"十二五"发展规划》中提到充分发挥轨道交通和快速公交（BRT）在城市交通系统中的骨干作用，300万人口以上的城市加快建设以轨道交通和快速公交为骨干、以城市公共汽电车为主体的公共交通服务网络；100万～300万人口的城市加快建设以公共汽电车为主体、轨道交通和快速公交适度发展的公共交通服务网络；100万人口以下的城市加快建设以公共汽电车为主体的公共交通服务网络。

科学规划和调整公交线网，“十二五”规划期末，300万人口以上的城市、100万～300万人口的城市以及100万人口以下的城市，建成区公交站点300米覆盖率不低于85％、75％和70％；全国公交专用道总里程达到10000公里。积极发展地面快速公交系统，提高线网密度和站点覆盖率。发展多种形式的公共交通特色服务，提高公共交通线网覆盖面和通达深度，适应上学、就医、旅游、购物、偏远地区居民以及行动不便人群等的出行需求。鼓励发展城市公共自行车服务系统。

5.《国民经济和社会发展第十二个五年规划纲要》

在《国民经济和社会发展第十二个五年规划纲要》中提出为适应城市群发展需要，以轨道交通和高速公路为骨干，以国省干线公路为补充，推进城市群内多层次城际快速交通网络建设。

在《国民经济和社会发展第十二个五年规划纲要》中提倡优先发展公共交通，即实施公共交通优先发展战略，大力发展城市公共交通系统，提高公共交通出行分担比率。科学制定城市轨道交通技术路线，规范建设标准，有序推进轻轨、地铁、有轨电车等城市轨道交通网络建设。积极发展地面快速公交系统，提高线网密度和站点覆盖率。规范发展城市出租车业，合理引导私人机动车出行，倡导非机动方式出行。优化换乘中心功能和布局，提高出行效率。统筹城乡公共交通一体化发展。并强化城市公共交通网络，市区人口100万以上的城市实现中心城区500米范围内公交站点全覆盖。

6.《“十二五”节能减排全民行动实施方案》

国家发改委会同财政部、中宣部等17个部门联合印发的中提出：“倡导‘135’出行方案，即1公里以内步行，3公里以内骑自行车，5公里乘坐公共交通工具”。

7.《关于优先发展城市公共交通的意见》

“公共交通优先”即“人民大众优先”，特大城市基本形成以大运量快速交通为骨干，常规公共汽电车为主体，出租汽车等其他公交方式为补充的城市公交体系；大中城市基本形成以公共汽电车为主体，出租汽车为补充的城市公共交通系统。

8.《国务院办公厅关于加强城市快速轨道交通建设管理的通知》

国外许多理论研究和实际应用中，常常以 80 万 ~ 100 万城市人口规模作为是否建设城市轨道交通系统的界限值。我国城市普遍存在着人口基数大的特点，且总体的城市化程度、城市经济发展水平与国外城市相比还有不小差距。2003 年《国务院办公厅关于加强城市快速轨道交通建设管理的通知》中对申报发展轨道交通的城市条件要求如表 3-6 所示。

申报发展轨道交通的城市条件要求 **表 3-6**

申请的轨道交通类型	地方财政一般预算收入	国内生产总值	城区人口	规划线路的客流规模
地铁	100 亿元以上	1000 亿元以上	300 万人以上	单向高峰小时 3 万人以上
轻轨	60 亿元以上	600 亿元以上	150 万人以上	单向高峰小时 1 万人以上

3.4 轨道交通形式与车型发展

3.4.1 轨道交通形式发展

通过对纽约、巴黎、伦敦、东京和莫斯科等城市市内交通客运量结构的分析与研究表明，在这些发达城市，公共交通所占比例一般为 60% ~ 80%，其中有轨交通的比例达 30% ~ 45%。无论私人交通如何发展，公共交通作为主体的地位一直没变，轨道交通作为公共交通的一部分将占有较大优势。即使私人交通的承载工具数量超过公共交通工具的几十倍，公共交通作为城市客运主要构成的地位仍不改变，真正解决城市交通问题的主要还是依靠地铁、高架、市郊铁路等轨道交通运输系统。全方位、立体化市内和市际交通运输方式的完善更促使城市轨道交通的发展步入成熟期。同时，各国政府及城市当局在城市交通方面巨大的资金、物质及人力的投入，为城市轨道交通的稳定发展提供了保证 [6]。

轨道交通未来发展呈现多元化的趋势，目前许多发达城市的城市轨道交通系统的结构已较为完善，在公共交通中的主导作用日益显著。轨道交通类别主要有地铁、轻轨、高架独轨、有轨电车、磁悬浮列车等。

1. 地铁

地铁是城市快速轨道的先驱，1863 年至今已有 120 多个城市有了地铁，许多大城市的地铁长度都在 100 公里以上。地下铁道在城市公共交通中发挥着日益巨大的作用，给居民出行提供了便捷的交通工具（图 3-3）。

图 3-3　地铁常见车型

图片来源：人民网、成都商报、昵图网

2. 轻轨

轻轨交通是在有轨电车的基础上发展起来的一种新型交通工具（图 3-4），其造价仅地铁的 1/3，既能较好地满足大城市的运量要求，又能在大城市与卫星城镇之间建立起便捷的联系，在城市交通中的作用越来越大。

图 3-4　轻轨常见车型

图片来源：北车集团（www.tangche.com）、武汉晚报（www. news. fdc.com.cn）

3. 高架单轨

高架单轨可分为悬挂型和跨座型两种（图 3-5），具有运量大、走行平稳、爬坡能力强、建设费用低、全立交化、对城市日照采光的影响小、噪声较低等许多优点。

图 3-5　高架单轨常见车型

图片来源：嘉定都市网 www. jiading. com.cn、中华铁道网 www. chnrailway. com、世界轨道交通资讯网 http：//rail. ally. net. cn、www. rail-transit. com

4. 有轨电车

有轨电车亦称路面电车或简称电车，是以电力推动的列车（图 3-6）。但通常全在街道上行走，另外，某些在市区的轨道上运行的缆车亦可算作有轨电车的一种。由于电车以电力推动关系，车辆不会排放废气，是一种无污染的环保交通工具。

图 3-6　有轨电车常见车型

图片来源：百度图片、笔者拍摄

5. 磁悬浮列车

磁悬浮列车是一种靠磁悬浮力（即磁的吸力和排斥力）来推动的列车

（图 3-7）。由于其轨道的磁力使之悬浮在空中，行走时不需接触地面，因此只受来自空气的阻力。磁悬浮列车的最高速度可达 500 公里 / 小时[7]。

图 3-7　磁悬浮列车常见车型

图片来源：http：//roll.sohu.com

3.4.2　轨道交通车辆未来发展

车辆是轨道交通系统中完成乘客运输任务的直接工具，未来技术发展方向有低地板、自动化控制、转向架、悬浮等。并应具有以下特点：

（1）载客能力强：大型地铁车辆可达 350 人 / 辆；

（2）动力性能好：速度快、加速能力强、制动效果好；

（3）安全可靠性强：设备先进，故障率低，稳定性可靠性强，突发情况下适应性强；

（4）环境条件好：照明、空调、座椅、扶手等；

（5）灵活的牵引特征：根据不同的线路特征，可采用不同的牵引方式，即动力集中牵引和动力分散牵引；

（6）节能环保：车辆牵引动力常用电力牵引。

为适应运量的需求，提高服务水平，随着信号系统和车辆构造的不断更新、发展，列车开行对数将从 30 对 / 小时提高到 34 对 / 小时，甚至 40 对 / 小时，这是发展方向。传统的地铁与轻轨均采用钢轮钢轨，国内极大部分城市建成的地铁、轻轨线均采用了此种制式。随着技术不断进步，各城市结合线路特点和功能需求，因地制宜，在国内相继出现了像重庆跨座式单轨交通、广州的直线电机车，以及上海高速磁悬浮列车和无人驾驶列车。至于低速磁浮、空中客车、磁浮飞机也正在上海、威海、成都等地酝酿[8]。

对城市交通和对外交通进行综合交通运输规划，重点将城市轨道交通与对外快速轨道交通及对外交通枢纽有机地衔接起来，实现轨道交通（内、外）的集约化、交通枢纽及场站布局的合理化、旅客运输高效化。以城市轨道网为基础骨架，并通过对外快速轨道网向外辐射，建设成现代化的一体化城市轨道交通网络体系。

3.4.3 轨道交通车辆外形设计特色

地铁车辆作为城市中一道亮丽的风景线，其外观设计应能保证司机具有良好的驾驶环境，视角范围广等基本的功能需求，在满足功能要求的前提下，车体及车头外形应结合现代列车的造型特点进行设计，要求美观、大方、流畅且富有艺术特色，具有明显的现代气息。

车辆的整体造型设计需要突出主题，突出城市的地理、自然条件及文化特点，从而为提升城市的品位起到宣传效果。如杭州市作为国际风景旅游城市及国家历史文化名城，为欢迎每位到杭州的客人，杭州地铁 1 号线车辆的总体造型表达了笑脸的主题（图 3-8）。车辆刮雨器下方的弧形边框设计成笑脸的形状，车辆的头灯和尾灯设置在笑脸的两侧，如同两个大大的酒窝，整个车头的造型表现形式开放且具有活力，总体形象柔和流畅、亲切可爱，喜悦而又祥和，表达了杭州市用笑脸来迎接和欢送每一位客人的寓意，可以说设计主题分明，意境高深。

图 3-8　杭州地铁 1 号线车辆造型

图片来源：www. hzmetro. com

车辆外观设计中，通常在车体上使用不同形式的装饰带以配合车头流线型的造型。如郑州市轨道交通 1 号线的腰带选取了地铁公司 Logo 的变形元素，开关门的时候车门上的色带有敞开手臂欢迎您的意味（图 3-9）。

图 3-9　郑州市轨道交通 1 号线外形设计

图片来源：http：//roll. sohu. com

很多地铁车辆的内部设计创意也体现旅游特色。如香港地铁迪士尼专线，车辆内部装饰均为迪士尼特色，既新奇又能起到很好的宣传作用（图 3-10）。

图 3-10　香港地铁迪士尼专线内饰

图片来源：http：//image.baidu.com

地铁车辆外观设计很多创意和灵感都是来自于城市生活，因此在设计前要深入地研究城市的文化历史背景、民族风情及地域特点，提炼出能反映城市文化的装饰元素，通过艺术的手法融入地铁车辆的设计中。同时也要考虑人性化设计及乘客的心理诉求，才能创造出安全舒适的乘车环境，满足城市生活的个性化需求。

参考文献

[1] 孔令洋 . 城市轨道交通系统型式选择研究 [D]. 北京：北京交通大学，2009.

[2] 陈尚云 . 我国特大城市客运交通系统结构和发展战略研究 [D]. 成都：西南交通大学，2004.

[3] 闫晓燕 . 旅游城市交通模式发展研究 [D]. 长沙：长沙理工大学，2012.

[4] 朱照宏 . 城市群与城市轨道交通 [J]. 城市轨道交通研究，2003.

[5] 谢建平 . 城际轨道交通在城市群发展中的意义 [J]. 城市轨道交通研究，2008.

[6] 韩凤 . 城市空间结构与交通组织的耦合发展模式研究 [D]. 长春：东北师范大学，2007.

[7] 徐鹏 . 项目管理在磁浮专线网络建设优化中的研究和应用 [D]. 上海：上海交通大学，2009.

[8] 俞加康 . 中国城市轨道交通的发展与展望 [J]. 交通与运输 . 2007.

第四章

绿色智能人文一体化交通的关键技术与实现途径

绿色智能人文一体化交通的关键技术包括交通系统与土地使用的一体化技术、交通方式间的一体化技术、交通枢纽的一体化技术、交通运营管理的一体化技术等四个主要方面。

交通系统与土地使用的一体化目标是：从城市规划出发，实施交通需求的“源头”管理，通过调整交通需求特性，减少城市交通需求总量、缩短城市交通出行距离，解决交通供求矛盾，缓解城市交通拥堵，提高城市交通系统的效率，促进合理城市客运交通结构的形成，实现建设绿色交通系统的目标；在城市交通设施承载能力范围内，节约和集约化使用城市土地，实现并提高土地作为城市活动载体的经济、社会效益；促进城市交通系统合理引导城市空间结构调整，促进城市的健康、快速发展。

交通方式一体化的目标是解决多种交通方式分工合作，避免重复投资和决策失误，实现针对不同交通需求确立不同主导交通方式的目的。尤其是在给定的交通通道中，根据通道交通需求特性和不同交通方式的技术经济特性，合理确定主导交通方式和不同交通方式之间的分工与合作，合理确定交通供给总量和供给结构。

交通枢纽一体化的目标是解决不同交通方式的无缝衔接和零距离换乘问题。实现这一目标的关键是首先要做到物理设施一体化，同时解决票价票制、运营管理和信息服务一体化等。

交通运营管理一体化目标是建立各种交通方式间的交通方式运营时间相互衔接、整合提供交通服务，从而减少换乘次数和换乘时间，提高交通系统的运输效益和交通服务水平。

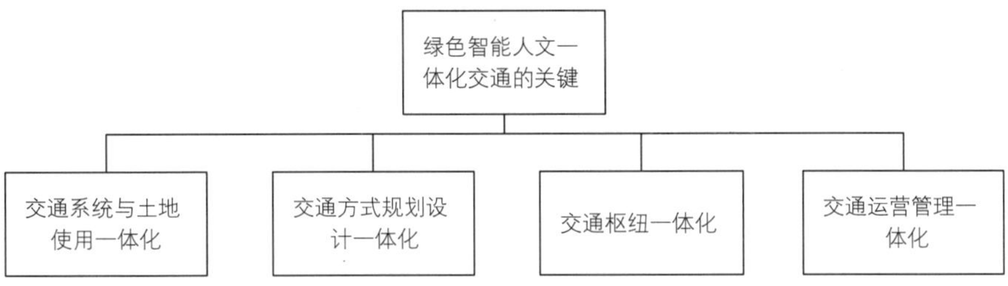

图 4-1　绿色智能人文一体化交通的关键技术构成

（图片来源：笔者绘制）

4.1　交通系统与土地使用的一体化

城市交通供求关系是城市社会经济活动产生的交通需求和城市交通系

统产生的交通供给共同作用的表现，土地利用是社会经济活动在空间上的表现，是需求；交通系统提供交通服务以满足人和物的空间移动需求，是交通供给。城市交通系统与土地使用的协调发展是解决城市交通问题，促进城市集约化可持续发展的重要途径。

当前我国城市规模迅速扩大、新城建设势头迅猛、老城改造工程比比皆是，正是改变土地使用形态的关键时期。建设交通负荷小的城市，实现绿色交通系统，确立以公共交通为导向的规划开发模式，避免大规模的卧城建设，坚持混合土地使用，注重居住与就业的均衡，在住宅开发的同时完善生活配套设施，既是城市与城市交通发展面临的挑战，也是避免城市陷入交通全面拥堵的根本措施。

4.1.1 交通系统与城市土地使用的互动机制

土地利用是出行活动的主要决定因素。城市土地使用形态（包括土地使用的性质和开发强度等）决定交通需求的空间分布特性，交通需求的通道出行强度特性及交通出行的距离特性；而通道交通出行强度特性和居民出行距离特性又将决定交通方式构成特性。合理的城市结构和土地利用规划将有效地减少居民出行需求总量，缩短居民出行距离，形成合理的交通需求特性，从而避免产生交通系统无法满足的交通需求。

交通系统支持和影响城市土地利用及其产生的相关活动。城市交通系统所具有的实际运行水平会对城市空间结构及城市的发展规模产生影响，从而影响到城市土地利用状况，特别是城市交通可达性对城市经济、商业和文化活动用地的空间分布具有决定作用。沿交通线发展是城市发展中的普遍现象。城市交通与土地使用之间是一种相互联系、相互影响的复杂关系。交通发展与土地利用协调可以相互促进发展，反之，城市交通与土地使用之间不协调，将导致两者的相互制约，影响各自发展。

1. 用地形态决定交通需求特性

城市用地形态不同，产生的交通需求特性就不同。在由居民完成的所有交通当中，上下班交通是最主要的。因为这类交通十分必要，人们要按时上下班，这类交通在集中时间内，有重复性。所以，城市居民的出行需求总量、平均出行距离和出行的时间分布特性等均取决于居住位置与就业岗位的均衡程度。不同的土地利用布局和利用强度，对应着不同的交通需求特性。城市内部居民的出行方式、交通量和交通方式分布，基本上是利用空间分布的一个函数。土地的开发，其结果或是发生以该区为起点的新出行，或是吸引另一个区的新出行，或者两者兼有。这样，市区的土地开发造成或刺激新的出行需求，产生对交通设施的需求。

因此，需要建设新的交通设施，或使现有设施更有效率地运营。衡量城市内部各种联系之间的方便程度，可引用可达性的概念，交通系统便是为协助达到这种“方便程度”的预期值而建立的。可达性的一般定义是：一种给定形式的活动机会对于一个特殊地点的大小和远近的总量度，它是表征城市交通线网合理程度的最重要的指标之一。

城市布局的形式影响每一个城市活动相对其目的地的可达性，影响居民的出行密度及出行方式，并以此对交通运输设施的改善提出要求。例如，由于零售商业中心过分集中于市中心，导致市中心往返各区的交通量增大，政府为此进行市中心交通管制，限制小汽车，优先发展公共交通，并在中心外围设内环路，或拓宽外侧一些原有道路的做法，就是土地利用结构影响交通系统使之被动地接受改良的例证。许多发达国家的城市市中心人口锐减，大量居民向郊外迁移，形成规模庞大的交通通勤流，造成城市通勤交通的混杂和道路堵塞、通勤不便的现象。所以，这些城市非常重视交通系统的发展，把解决城市交通问题作为一项长期的战略任务。例如日本的东京市，城市半径 40 公里的圈内每天到市中心的通勤人数 1965 年为 139.4 万人，1990 年则增长到 361 万人，25 年内增加了 1.6 倍。为了解决这些远距离的通勤流量，东京在历次经济发展计划和城市规划中，都把交通建设作为重点内容来安排，大力发展轨道交通，形成比较合理的综合交通体系。目前，东京拥有 10 条地铁、13 条高速铁路，再辅以其他公共交通工具，目前轨道交通系统每天运送旅客 3000 多万人次[1]。

可见，城市土地利用是城市交通需求的根源，它决定了城市交通源、交通量及交通方式，客观上规定了城市交通的结构与基础，不同的城市土地利用状况要求不同的城市交通模式与之对应，如高密度的土地利用就要求高运载能力的公共交通方式与之适应，反之低密度的土地利用方式则导致以个体交通工具为主导的交通模式。

2. 交通系统引导城市发展

土地使用决定交通需求特性，从而决定交通系统的构成与模式。反过来说，交通系统又对城市结构的形成和改变产生强大的影响和引导作用。城市形态、发展方向是由城市的交通发展轴决定的。当今城市发展的速度很快，用地在不断扩展。因此，在解决交通问题时，我们需要具有长远的眼光。

在古典的土地利用规划和经济地理学理论中，地租理论是土地利用量评价的主要方式。规划依赖于地租价值，每一土地利用类型对应于具有一定支付能力的地价区。地租理论的基本假设是每一土地利用类型都力求达到最大效益。

从当前城市的实践经验可知，土地价值直接依赖于交通设施的可用性及其服务水平，也是不同交通方式之间相联结方便程度的反映。如果某一地区的可达性水平大于实质联系水平，表明该地区可能趋向于更高的土地利用强度，因为它具有更大的空间集结和集聚经济的潜力。可见，交通系统的改善，将直接影响土地利用的性质和开发强度，从而使它更加合乎需要，并影响它的货币价值。

城市空间形态的变化起源于城市地域空间结构的演化和波动；城市地域空间结构的演变是城市地域功能结构变化的直接反映和最终结果；城市地域功能结构变化的主要影响因素是地域的土地价格和利用方式，某一地区的土地价格和利用方式很大程度上取决于该地区的空间可达性；而在交通技术不断创新的背景下，空间可达性又是个相对的概念，它随交通技术的创新而变化；而城市空间形态的变化又往往进一步强化或弱化交通技术的应用范围和作用强度。

交通技术革新与城市空间形态变化相互作用机制反馈城市地域扩展的主要障碍是空间距离，不同交通方式下城市地域的空间范围受到不同的限制。步行通勤速度约 3 ~ 5 公里 / 小时，现代有轨电车和公共汽车速度 15 ~ 30 公里 / 小时，地铁、轻轨和小汽车速度可达 30 ~ 60 公里 / 小时。交通技术创新和空间可达性变化在改变城市空间形态方面是非常显著的。交通技术的每次创新都塑造了一种城市空间组织形态的特殊模式。

在步行－马车时期（1800 ~ 1890 年），由于一天中出行者能够往返的距离有限，所以城市呈现规模小、单中心、开发强度高、人口密度大的特点。在电车时期（1890 ~ 1920 年），由于借助于电车，人们可以到达更远的距离，沿电车沿线，土地开发到达了更远的空间，城市呈现出单中心星形结构。进入高速公路时期（1950 年至今），由于高速公路和城市干线道路四通八达，人们可以借助于交通工具到达更远的地方，所以城市规模迅速扩大，由单中心变成多中心，人口密度呈下降态势。[2]

交通方式构成和城市空间形态的互动关系，使人们在进行城市规划时，寻找到了交通引领城市发展的重要技术途径，即通过公交导向的城市开发手段（TOD），就能够建立起比较理想的城市发展地域结构和空间格局。

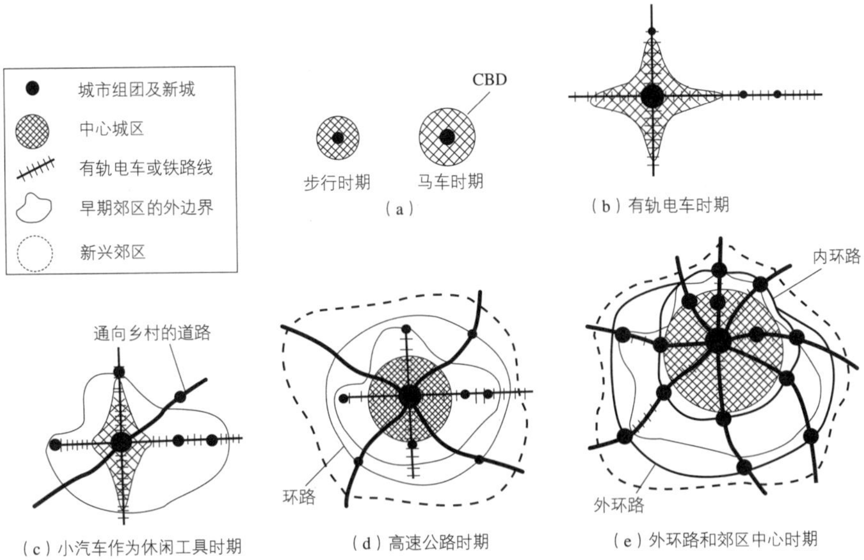

图 4-2　交通技术创新和城市空间形态的变化

图片来源：陆化普．城市交通规划与管理 [M]. 北京：中国城市出版社，2012.

4.1.2　交通系统与土地使用一体化的关键环节

城市土地使用与交通系统实现一体化协调发展需要多种要素的共同作用。这些要素既包括城市土地使用与城市交通系统规划及建设的理念、目标以及方法，也包括为实现城市土地使用与交通系统自身机能的有效发挥而采取的一系列政策、体制、机制等。因此，研究和制订合理的城市土地使用与交通系统一体化协调发展的手段与措施，需要从城市土地使用与交通系统的规划、建设与管理、政策、体制与机制等方面一一着手，而不是仅仅关注其中的某一环节。

1. 协调的城市用地规划与交通规划

如前所述，交通系统与城市结构的关系主要表现在两个方面。一方面是交通系统对城市规划的支撑作用。当城市功能定位、城市空间发展战略和城市土地使用规划确定后，交通规划的一个重要使命就是为城市规划的实现提供交通支撑；另一方面，综合交通系统的空间布局、交通方式结构和建设时序等要素，也将对城市空间结构和土地使用产生极强的影响和引导作用。这两种作用同时存在，交通系统的使命就是对城市的发展同时发挥支撑和引导的双重作用，而实现上述双重作用的关键是交通规划与土地使用一体化规划。具体体现在，城市土地利用空间格局与交通线网布局一体化；城市土地利用功能布局与交通系统布局一体化；城市土地开发与交通系统建设一体化；城市土地利用模式与城市交通模式一体化；同时城市规划及设计要最大程度上鼓励具有地域特色的绿色交通方式的使用。

城市的科学发展和建设，必须以科学的城市用地规划及交通规划为基础和前提。同样，城市土地使用与交通系统的协调发展和建设，也必须以协调的城市用地规划及协调的城市交通规划为基础和前提。

2. 科学有序的城市土地开发及交通系统建设与管理

城市土地开发及交通系统建设与管理，是城市土地规划及交通规划的实施环节，也是协调的城市用地规划及城市交通规划能否起到预期应有的功能和作用的关键环节。只有进行科学有序的城市土地开发及交通系统建设与管理，以真正实施和落实城市用地规划及交通系统规划，协调的城市用地规划及城市交通规划才不至于成为一纸空文。

3. 严格有效的规划实施保障对策

与协调的城市用地规划及交通规划编制工作相比，规划的实施工作更具难度和挑战性。这是因为，规划的编制一般是以相对理想的城市社会、经济发展条件以及发展政策与制度为基础和前提的，规划的实施则与城市现有的政策和制度等因素之间的协调与相互支撑程度相关，而这些现实因素往往与人们所预想的存在一定差距。

因此，必须建立严格和可行的规划实施保障对策，用于保障协调的城市用地规划及城市交通系统规划的科学实施。

4.1.3 交通系统与土地使用一体化的主要内容

如前所述，城市土地利用与交通系统协调发展问题所涵盖的内容非常广泛，涉及宏观、中观、微观各个层面。不同层面的城市土地利用，对应着不同层面交通协调规划途径。宏观层面即如何在保持城市活力的基础上，构筑良好的城市空间形态结构与交通系统主骨架结构及形态之间的协调。中观层面即如何构筑城市区域土地使用性质、强度与交通系统构成及容量之间的协调。微观层面即为保证城市发展战略和发展目标的实现，如何根据具体城市地块功能特点，构筑在城市设计和交通设施设计层面上的协调。

交通系统与土地使用一体化的关键技术与方法　　表 4-1

	城市组团间	交通通道	交通站点与周边土地使用
关键内容	交通系统与城市结构、城市规模的匹配	交通系统与土地使用性质、强度的匹配	综合交通枢纽建设与周边土地的一体化规划
对应关系	交通通道与城市结构	交通网络与土地使用布局	交通站点与周边用地
规划设计原则	组团规模与通道交通容量要匹配	道路的功能定位与道路两侧的用地性质和开发强度要一致，如：交通性主干道两侧不能布置大量商业，隔离设施要齐全，路边要禁止停车	在交通站点分类的基础上，合理确定不同用地的比例，规模、开发强度及空间布局，做好交通系统的无缝衔接
实现方法	量化计算组团间交通需求，根据规划的建议进行交通服务水平校验分析	定性分析判断；定量进行交通服务水平计算	建立分类设计模式指南

4.1.4　交通系统与土地使用一体化的具体对策

1. 区域层面

（1）综合交通体系与城市空间结构相匹配

建立与城市总体格局相互支撑的综合交通体系，促进形成协调发展的城市空间结构。

不同城市空间结构对应的绿色交通规划要点　　表 4-2

空间结构类型	建议城市类型	绿色交通规划要点
卫星城市	巨型城市、特大型城市、大城市	卫星城与中心城之间，卫星城之间以轨道交通为主，中心城建立公交主导的绿色交通模式
组团结构	巨型城市、特大型城市、大中城市	组团之间以轨道交通为主，组团内部建立公交主导的绿色交通模式
星状城市	大城市、中等城市	城市中心、沿各个发展轴发展公共交通
单中心城市	中小城市	发展以公共电汽车为主导的绿色交通模式
带状城市	中小城市	在主要发展轴上发展公共交通

注：城市规模划分标准（人口）：巨型城市 >1000 万；特大型城市 300 万～1000 万；大城市 100 万～300 万；中等城市 50 万～100 万；小城市 <50 万

对于我国的大城市、特大型城市和巨型城市空间结构与交通系统一体化应当追求：

①建设紧凑型城市，实施以公共交通为导向的空间发展战略（TOD），遏制城市“摊大饼”式无序扩张态势，引导城市沿大容量公共客运走廊紧凑、有序发展。紧凑型城市建设强调的是高强度开发、优化土地使用，这是由

我国土地资源的有限性决定的。以公共交通为导向的开发模式强调以公交站点为中心合理利用土地，能够实现近距离出行采用步行和自行车、远距离出行采用公共交通的绿色交通模式，满足两型社会的发展目标，符合科学发展观。

②以空间结构和产业布局调整为手段，优化城市群及城市的功能布局，均衡配置公共服务资源，缓解交通压力。城市空间结构与功能布局的同步优化调整，引导居住与就业岗位的平衡发展，从源头上减少交通需求总量。注重城市公共服务资源的均衡配置，卫星城结构的大城市要注意中心城周边新城的配套设施建设，减少中心城交通压力。

（2）交通结构与城市规模相适应

城市人口和交通之间的相关研究表明，在众多影响城市交通特征的因素中，人口规模是最关键的因素之一，尤其是人口规模达到100万人以上的特大城市，因其地位、功能与中小城市不同，从而呈现不同的交通特征。应重视不同城镇地区人口规模的差异性，结合社会、经济、能源、环境等多方面因素，针对不同地域、不同发展阶段、不同需求特性，选择差别化的交通发展模式，制定相应的交通政策，同时处理好交通发展中规模扩大与结构调整的关系。

①巨型城市（人口规模>1000万人）：建立以轨道交通为骨干、常规公交为主体，出租、轮渡等多方式协调利用，功能层次明晰、网络布局合理、换乘衔接方便的优质公交服务体系，形成完善的综合公共交通系统。加强道路资源对公共交通优先发展政策的支持力度，充分利用已有城市快速路和主干路网，扩大地面公交专用道的总里程，形成地面公共交通专用道网络系统；构筑中心城的轨道交通线网骨架，提高轨道交通网络运营效率，支持重点职能地区的协调发展，改善整体交通环境；全面改善公共交通换乘环境，提高换乘效率，加快公共交通大型枢纽站建设，最大限度地缩短换乘距离。限制私家车的发展。实施合理的交通需求管理措施。在核心区边缘的轨道交通以及快速公交车站，就近适当安排充足的驻车换乘停车场，提供优惠的停车价格，减少直接进入城市中心地区的小汽车的出行量。重视慢行交通系统建设和完善，为步行和自行车出行创造条件，并解决好步行和自行车与公共交通的接驳换乘问题。打造安全、连续、生态的慢行交通系统，制定步行、自行车道路系统规划设计规范。

②特大城市（人口规模300万～1000万人）：建立以快速大运量公共交通（轨道交通＋快速公交）为骨干、常规公交为主体，出租、轮渡等多

方式协调利用，功能层次明晰、网络布局合理、换乘衔接方便的公交服务体系。形成较为完善的综合公共交通系统。重视慢行交通系统建设和完善，为步行和自行车出行创造条件，并解决好步行和自行车与公共交通的接驳换乘问题。限制私家车的发展。实施合理的交通需求管理措施。

③大城市（人口规模 100 万 ~ 300 万人）：条件具备的情况下可以沿主要客流通道建设大运量轨道交通。轨道之外建立以快速公交为骨干、常规公交为主体，功能层次明晰、网络布局合理、换乘衔接方便的公交服务体系。引导私家车有序发展，合理使用。重视慢行交通系统建设和完善，为步行和自行车出行创造条件。

④中等城市（人口规模 50 万 ~ 100 万人）：以常规公交为主体，构建成一个以干线作为主要客流通道、用支线连接城市各个角落、把换乘车站作为衔接节点的高效便捷的公交网络。要将步行和自行车交通作为重要交通方式予以重点发展。

⑤小城市（人口规模 <50 万人）：主城建立完善的常规公交网络。鼓励多模式交通自由发展。要将步行和自行车交通作为重要交通方式予以重点发展。

（3）交通与城市布局形态及环境景观相协调

受城市性质、规模、现实条件、产业特点以及地理环境等方面的因素影响，各城市呈现出不同的城市形态和文化特色风貌。

①在城市性质和规模基本确定的基础上，结合城市自身的空间形态特点、文化特色风貌等方面的要求，合理安排城市功能布局。以此为基础，构建与城市功能、城市特色相协调和匹配的城市交通系统，使城市成为一个有机的整体。

②依据“资源节约、环境友好”的原则，针对不同地区所处的生态环境要求及城市发展目标，理性选择资源节约型、环境友好型的绿色交通发展模式，优先发展绿色环保型交通工具，鼓励市民出行采用步行交通方式，逐步实现城市的可持续发展。

③城市快速路、主干路等主要交通性干道的布置应考虑城市空间结构和社会结构特征，避免对城市空间形态和传统社会结构造成割裂。

④城市道路网格局应加强与地形、地貌及山形水系的有机联系，避免对自然特色造成不利影响。

⑤应尽量避免交通干道紧邻河湖水系，减少机动车对水环境的污染。滨水道路应重视其景观功能，宜将人行步道和自行车道布置在道路近水一侧，使人能更容易地亲近水环境。

2. 通道层面

具有不同土地使用功能的地区，采取差别化的交通发展策略，构建道路网、轨道网和公交网一体化的现代化综合交通网络，提高重要节点的交通疏解能力，为城市功能区域的内部畅通、外部畅达提供良好条件，同时保证土地开发强度与交通承载能力相辅相成。

本部分从公共交通与周边土地使用、城市道路与沿线土地使用、停车供给、步行交通系统等方面进行说明。

（1）公共交通与周边土地使用

依托轨道交通系统和干道系统构建公共交通走廊，发挥公共交通快速、便捷和大运量的优势。引导城市沿大容量公共客运走廊紧凑、有序发展。主要包括三个关键因素：将公共交通规划与土地利用规划紧密结合；对公共交通走廊周边开发地区给以特殊的土地政策，鼓励开发商的进入，提高土地开发强度和开发品质；在公共交通站点周围开发步行与自行车友好的公共交通社区或公共交通主导的城市发展地区，提高公共交通的吸引力和使用效率。

①公共交通走廊的选线与布局应能够充分发挥其引导新城建设、疏解中心城人口和职能、改善交通条件、缓解交通压力的作用。在中心城与新城之间应结合轨道交通线路和主要干道构建快速公共交通走廊。

②在中心城应利用主、次干路和快速环路构建快速公共交通网络，保证通道网络内公交专用车道设置的可行性和连续性。

③在旧城内应依托现有路网格局，以地面公共交通为骨架，构建与旧城交通需求相匹配的公共交通网络。

④轨道交通与大容量地面公共交通站点的选择应充分考虑与城市功能区、各级公共中心、大型居住区等人流密集地区的结合。使公共交通走廊居住、就业和公共服务趋于平衡，缓解高峰时段客源超容、平时时段客源不足的矛盾。

⑤城市用地规划与公共交通走廊规划应密切配合、互动校核，用地规划应预留足够的用地，并提供多个通路选择。

（2）城市道路与沿线土地使用

城市道路规划应与城市土地使用规划相协调，对各城区区别对待，使之与城市空间结构和社会结构相适应，与土地使用功能相协调，与城市交通结构相匹配。

①城市道路与土地使用

完善城市道路结构，保持合理的路网密度和道路间距。老城、中心城和新城各城区内部主次干路网布局采取差异化策略。商业（商务）区、办公区应减小道路间距，建议支路间距为 100 ~ 150 米；工业区根据工艺要求和厂房布置特点，可适当增大道路间距。

应避免在快速路和交通性干道的两侧及其交叉口安排吸引大量人流和车流的大型城市商业、商务、文化体育等设施，引导此类设施向轨道交通车站周边发展。对于已经形成的这类城市道路和商业区、居住区等区域，采取完善项目周边道路网系统，提高公共交通服务水平，加强交通组织管理。

②旧城道路与历史风貌保护

旧城内的道路应充分利用现有街巷资源，适当调整道路红线宽度，既要保护旧城传统肌理，又应满足交通需求。

旧城内不宜再规划和建设“宽马路”，也不宜简单套用传统的主干路、次干路、支路三级道路划分标准，应以固定红线宽度（5 ~ 15 米）的道路为主。

在旧城区和不宜建设高架桥等道路设施的地区，可以考虑规划和建设地下道路的可行性，以构筑完整的道路网络。

在旧城多高层区，应增加道路网密度，使道路间距在 150 ~ 200 米。将现状被封闭管理的城市道路纳入城市道路系统，减少断头路。多高层区的道路网应与保护区和协调区的道路网实现良好衔接。

旧城内的道路应采用更加灵活的横断面形式。应结合旧城风貌特点设计道路断面，如保留现状树木，延续原有道路线形，保留历史建筑等。道路横断面尺寸原则上应压缩布设，即减少车道数，缩窄车道宽度。

③城市地下空间利用

在城市重点功能区、商业区以及其他人流、车流密集地区，可结合地下商业设施的开发和轨道交通车站的建设，利用城市道路地下空间将沿街商业设施、轨道交通车站、停车设施、行人过街设施等整合、联系起来，形成集交通、商业等功能于一体的地下空间，减少地面交通负荷。

在不宜采用高架桥等道路设施的地区，如必须采用非地面道路设施，可考虑和研究建设地下道路的可行性。

（3）停车供给

①分区域制订停车对策

根据城市发展的需要及不同阶段发展的特点，城市的不同区域应采用不同的停车位供给对策：

中心城的中心地区、新城的核心地区，应适度控制停车位；

城市边缘应基本满足停车需求；

新城（除核心地区）应满足停车需求。

②老城内停车设施规划基本原则

a. 交通繁忙地区不提供充足的停车设施，保持低水平的供需平衡，同时采取必要的高额停车收费策略，以经济手段降低停车需求，抑制小汽车在旧城内的使用；

b. 车流及人流集中的火车站、医院、大型商场周边，应适量安排社会公共停车场；

c. 历史文化街区在满足文物保护需要的前提下，适当安排旅游停车场，为发展旅游经济提供必要条件；

d. 充分挖掘旧城用地潜力，在一些边角地内因地制宜地安排停车设施；

e. 部分区域可结合实际情况考虑施划路边停车位的可能性。

③停车位配置标准

处于不同地区的各类建筑应采用不同的停车位配置标准，同时停车位配建标准应与所在地区的交通承载力相协调。

④停车设施选择

应按照不同区域的交通需求和用地空间，因地制宜地选择停车设施型式，包括：地面停车场、地下停车场、多层停车楼、机械式停车、屋顶停车等。

⑤地下停车设施规划

应重视地下空间的综合开发与利用，结合城市建筑、广场、体育场馆及地下人防设施等规划建设地下停车设施。

a. 配建停车设施。配建停车设施中地下停车设施与地面停车设施的比例关系依据地区不同建设用地性质不同而不同，地下空间开发密集区土地价值较高，配建停车设施应以地下停车为主，原则上不少于 80%；地下空间开发的次密集区可以适当减少地下停车设施比例，原则上以不低于 40% 为宜。

b. 社会停车设施。规划依托新建公共建筑配建地下停车设施，为外来车辆提供停车服务；客运交通枢纽地区建设地下停车设施从而满足各种交通方式换乘的停车需求；依托大型公园、广场绿地、学校操场等修建为社会提供服务的地下停车库等。

c. 公共交通地下停车设施规划。在城市中心区，地价越来越高，使得公共交通场站用地尤为紧张。规划可利用地下空间建设公共交通车场。

⑥停车设施供给

对于道路交通产生吸引较大的重点地区，近期增加适量的停车泊位，改变停车的混乱状况，使其有序化。远期在满足重点地区客流出行吸引的条件下，合理引导重点地区出行的交通方式结构，减少停车设施的供给。

（4）步行交通系统

步行交通是一种健康、环保的交通出行方式，在未来城市交通体系中仍是主要交通方式之一，也是公众交通出行过程中的重要环节之一。在交通规划及土地规划中，应特别重视步行交通系统的规划，改善与公共交通的衔接，为市民提供安全、便捷、宜人的非机动化出行环境。提倡步行交通，实行步行者优先，为包括交通弱势群体在内的所有步行者创造良好和安全的步行环境。在规划、建设和政策法规制定中，应根据不同的土地利用性质和开发强度，即不同的交通需求特性对步行系统进行分类规划，为步行交通提供方便。

①协调规划的基本原则

a. 城市道路两侧必须设置步行道；

b. 规划、建设和管理上做到步道与车行道同步，要保证行人的通行条件和安全；

c. 保证道路两侧步道的有效宽度、连续性和路面平整性，保证交通弱势群体的正常通行条件；

d. 生活性道路应提供较交通性道路更为良好的步行交通环境；

e. 步行交通环境要与道路性质、等级及两侧用地功能相结合；应强调人行道底层临街界面的连续性和视觉的互动；

f. 步行道的设计宽度必须满足行人通行的安全和顺畅，并与周边的土地利用相结合；商业街区、火车站、体育场馆、医院、中小学校等人流集中的地区，适当增加步行道的宽度，确保行人通行的安全、便捷和通畅；保证人行道宽度，提高人行道标准，提供人性化的道路设施；

g. 合理安排道路附属设施的位置，确保步行道的有效宽度和通行空间；

h. 行人过街设施：快速路、城市主次干路的行人过街通道间距分别为300 ~ 400米、250 ~ 300米；快速路必须采用立体过街设施，应尽可能缩短步行距离并设置自动升降设施，保证通道的照明、通风条件；城市主次干路行人过街设施以平面型式为主，立体型式为辅；

i. 改善交叉口的行人过街设施和信号相位，对现有的“宽马路”加以改造，渠化路口，必要时应设置行人安全岛；在交通信号的安排上，要保证充足的过街时间；

j. 位于支路、小区路上的无信号灯控交叉口应因地制宜地采用降低车速等措施，使行人通过交叉口更加安全、便利；

k. 步道和自行车道、步道和机动车道之间实行物理隔离，保证行人不受自行车和机动车的干扰，确保行人的安全；

l. 改变机动车停车占用步道的状况，体现道路资源分配的公平合理性；

m. 立体步行系统应与建筑物有良好的衔接，并且方便使用；

n. 按照无障碍设计规范，实现步道和过街设施的无障碍化；

o. 根据交通状况，结合商业、旅游网点、滨水地区建设，提出与土地使用、城市风貌、城市文化相协调的步行街规划；

p. 重视步行与公交系统的衔接：完善轨道及公交站点周边的行人交通网络。

②步行道通行能力协调

人行道、人行横道、人行天桥、人行地道的可能通行能力见表 4-3。

人行道、人行横道、人行天桥、人行地道的可能通行能力　　表 4–3

类别	人行道（人 / 小时 • 米）	人行横道（人 / 绿灯小时 • 米）	人行天桥、人行地道（人 / 小时 • 米）	车站、码头的人行天桥、人行地道（人 / 小时 • 米）
可能通行能力	2400	2700	2400	1850

人行道、人行横道、人行天桥、人行地道的设计通行能力折减系数规定：

a. 全市性的车站、码头、商场、剧场、影院、体育馆（场）、公园、展览馆及市中心区行人集中的人行道、人行横道、人行天桥、人行地道等计算设计通行能力的折减系数采用 0.75；

b. 大商场、商店、公共文化中心及片区中心等行人较多的人行道、人行横道、人行天桥、人行地道等计算通行能力的折减系数采用 0.80；

c. 区域性文化商业中心地带行人多的人行道、人行横道、人行天桥、人行地道等计算设计通行能力的折减系数采用 0.85；

d. 支路、住宅区周围道路的人行道及人行横道计算设计通行能力的折减系数采用 0.90。

人行道、人行横道、人行天桥、人行地道的设计通行能力见表 4-4。

人行道、人行横道、人行天桥、人行地道的设计通行能力　　表 4–4

类别	折减系数			
	0.75	0.80	0.85	0.90
人行道（人 / 小时 • 米）	1800	1900	2000	2100
人行横道（人 / 绿灯小时 • 米）	2000	2100	2300	2400
人行天桥、人行地道（人 / 小时 • 米）	1800	1900	2000	—
车站的人行天桥、人行地道（人 / 小时 • 米）	1400	—	—	—

注：车站的人行天桥、人行地道的一条人行带宽度为 0.9m，其余情况为 0.75m。

③步行道宽度及铺装协调

步行道宽度必须满足行人通行的安全和顺畅（表 4-5、表 4-6），不同土地性质下对步行道路数量有不同的需求（表 4-7）。

步行道设计宽度　　　　表 4–5

<table>
<tr><td colspan="4">非机车道（自行车与步行混行）设计宽度</td></tr>
<tr><td>主要使用群体</td><td>周边人流</td><td>通勤人流</td><td>居住性或混合功能性用地</td></tr>
<tr><td>道路宽度取值</td><td>2.5 米</td><td>3 米</td><td>3.5 米</td></tr>
<tr><td>道路宽度范围</td><td>2 ~ 2.5 米</td><td>2 ~ 3.5 米</td><td>3 ~ 4 米</td></tr>
<tr><td colspan="4">步行与自行车（隔离）单独设计宽度</td></tr>
<tr><td></td><td>自行车道</td><td>人行道</td><td>合计</td></tr>
<tr><td>道路宽度取值</td><td>2.5 米</td><td>3 米</td><td>5.5 米</td></tr>
<tr><td>道路宽度范围</td><td>2 ~ 3 米</td><td>>2 米</td><td>>4.5 米</td></tr>
</table>

步行道具体要素的设计宽度　　　　表 4–6

<table>
<tr><th rowspan="2">地点</th><th rowspan="2">最大行人流量</th><th colspan="4">最小设计宽度</th><th rowspan="2">合计</th></tr>
<tr><th>路缘石</th><th>街道设施</th><th>步道</th><th>建筑前区</th></tr>
<tr><td>非机区干道</td><td rowspan="3">80 人 / 分钟</td><td rowspan="8">0.15 米</td><td rowspan="3">1.2 米</td><td rowspan="3">2.4 米</td><td rowspan="3">0.75 米</td><td rowspan="3">4.5 米</td></tr>
<tr><td>CBD 区域</td></tr>
<tr><td>公园、学校及其他公建周边道路</td></tr>
<tr><td>非机区支路</td><td rowspan="2">60 人 / 分钟</td><td rowspan="2">1.2 米</td><td rowspan="3">1.8 米</td><td rowspan="2">0.45 米</td><td rowspan="2">3.6 米</td></tr>
<tr><td>CBD 以外的商业 / 工业区</td></tr>
<tr><td>支路</td><td>60 人 / 分钟</td><td rowspan="3">0.9 米</td><td rowspan="2">0.15 米</td><td>3.0 米</td></tr>
<tr><td>居住区内部道路</td><td rowspan="2">50 人 / 分钟</td><td rowspan="2">1.5 米</td><td>2.7 米</td></tr>
<tr><td>最小值</td><td>0</td><td>1.65 米</td></tr>
</table>

不同土地利用性质下的步行道需求　　　　表 4–7

<table>
<tr><th rowspan="3">土地利用类型</th><th colspan="4">步行道需求</th></tr>
<tr><th colspan="2">新建道路</th><th colspan="2">已建道路</th></tr>
<tr><th>适宜步道数</th><th>最少步道数</th><th>适宜步道数</th><th>最少步道数</th></tr>
<tr><td>商业与工业用地</td><td colspan="2" rowspan="4">双侧设置</td><td colspan="2" rowspan="3">双侧设置</td></tr>
<tr><td>干道旁居住区</td></tr>
<tr><td>支路旁居住区</td></tr>
<tr><td>乡间路旁居住区</td><td>双侧设置</td><td>单侧设置</td></tr>
<tr><td>待开发区域</td><td>双侧设置</td><td>单侧设置</td><td rowspan="2">单侧设置</td><td rowspan="2">双侧路肩</td></tr>
<tr><td>未开发区域</td><td>单侧设置</td><td>双侧路肩</td></tr>
</table>

④步行道设计和通达性保障

a. 游径共享。共享的道路多为远离机动车道的游径系统，不仅便于步行，也混合自行车、轮轴、滑板等多种出行方式（图 4-3）。由于游径系统与机动车隔离，因此十分适宜健身跑步等锻炼活动，故此建议游径线路采用沙砾等材质铺装。

图 4-3　共享的游径道路

图片来源：笔者拍摄

b. 台阶可以采用混凝土或者彩色的砖石材料。有些时候，台阶可以缩短距离，有些时候，则增加了步行的乐趣（图 4-4）。但在一些赋予特殊功能定位的步行区内，比如以老年人活动健身为主，则要适当减少台阶的设计，以提升安全性。

图 4-4　台阶

图片来源：笔者拍摄

c. 景观 / 小品也是步行道设计中的重点（图 4-5），其中包括采光照明设施、排水系统、隔离缓冲带、街道小品、标识标线系统（警告标志、禁令标志、指示标志和指路标志）、街道树木 / 植被以及公用事业设备（比如井盖、铺设的电线电缆等）。

照明设施

街道小品

图 4-5　景观 / 小品

图片来源：http：//image.baidu.com/

d. 缘石宜高出路面边缘 10 ~ 20 毫米。人行道及人行横道宽度范围内缘石宜做成斜式或平式，便于儿童车、轮椅及残疾人通行（图 4-6）。

图 4-6　路缘石设计

图片来源：笔者拍摄

e. 对路边停车进行适度限制，尤其是严格禁止在距离十字路口 150 米的地方停车。要严格做好路边停车的划线、标识工作。

f. 人行横道是行人过街的空间，在任何交叉路口都需要设置人行横道，并通过显著的划线进行标识。在学校、医院等临近公共活动场所的地方，可以提升人行横道的高度，机动车经过时，必须降速通行。应在人行横道前设减速带和人行横道灯（图 4-7）。

图 4-7　人行道前的减速带设置

图片来源：http：//image.baidu.com/

g. 属于下列情况之一时，宜设置过街天桥或地下通道（图 4-8、图 4-9）：

横过交叉口的路口的步行人流量大于 5000 人次 / 小时，且同时进入该路口的当量小汽车交通量大于 1200 辆 / 小时；

通过环形交叉口的步行人流总量达到 18000 人次 / 小时，且同时进入环形交叉的当量小汽车交通量达到 2000 辆 / 小时；

行人横过城市快速路时；

铁路与城市道路相交道口，因列车通过一次阻塞步行人流超过 1000 人次或道口关闭的时间超过 15 分钟时。

图 4-8　过街天桥

图片来源：笔者拍摄

h. 过街天桥或地下通道设计应该符合城市景观要求，并与附近地上或地下建筑物密切结合；过街天桥或地下通道的出入口处应规划人流集散用地，面积不宜小于 50 平方米。

图 4-9　地下通道
图片来源：笔者拍摄

i. 与步行道相关的标记有很多类别，比如人行横道、禁行线、彩色路缘等。这些标识起到警示作用，有助于提升步行者的安全性。

j. 针对步行者的信号灯包括“走行”信号和“禁行”信号。信号时长的控制十分重要，需要确保步行者有足够时间穿行机动车道。

⑤步行分区协调设计要点

a. 市民广场是城市步行系统中的一个重要节点。主要功能：一是平日里为城市居民游览、娱乐、交往、休憩活动和旅游者观光提供场所，为外来人口了解城市提供一个窗口（图 4-10）；二是在特殊日子里为全市性的活动提供场地，如节日庆典、重要仪式、集会等。

图 4-10　市民广场注重交流
图片来源：笔者拍摄

市民广场作为城市的公共活动中心，既要有良好的交通条件，又要避免交通拥挤、人车互相干扰。应提供充分的停车设置和具有快速疏散交通的能力；

广场周围应布置市级的大型公共建筑，这些公共建筑围合出一个开敞的公共空间，行人可以从各个方向方便地到达；

广场上要有足够的活动面积；

广场上应有丰富的小环境和适当的空间划分；

广场上要有相应的设施，如具备集会条件；为交往、休憩准备必要的座椅以及路灯、导游标识、垃圾桶、电话亭、售货亭等设备；

合理组织广场内及周围的交通。广场既应与城市道路保持密切的联系，又应尽量避免通过广场的车流，避免将货运引向广场和广场周围的交通干道上；适当实施人车分流，既保证人流的安全又保证车流的通畅；疏解与广场无关的车行交通，尽量使其绕行以保证提供给行人良好的步行空间。应合理组织广场内的交通，以保证集会时大量人流的集散；

由于广场上人流集散量大，在其周围要设置好便捷的公共交通换乘枢纽和出租汽车服务站，还应在四周或地下布置足够的汽车和自行车停放设施，以接纳和疏散大量人流；

部分城市广场如地处交通繁忙区域，有大量人流，可发展立体交通，考虑到广场上空的城市景观，建议建设地下通道，以减少人车交叉。

b. 对外交通枢纽的步行需求是要尽可能地将人们在此地快速疏解掉，提高其周转效能，减少集散量，减少交通枢纽的建筑面积和用地。

要与通往城市各个主要方向的公共交通有紧密的联系，使行人方便到达各种地面公共交通设施的停靠站，以及各种轨道交通的停靠站，如地铁、轻轨等。

组织好枢纽内的交通。处理好人流与车流的关系、进站人流与出站人流的关系、人流与货物的关系、各种车流之间的关系等。明确动静分区，保证步行人流的通畅和休息者免受干扰。

避免与周围城市道路之间发生矛盾。交通枢纽广场与城市干道应取得协调的关系，既能保证必要的车辆的进入，又要限制其他无关车辆的干扰。除了路网的合理规划外，还应注重交通管理的作用。

应设置足够的自行车、机动车停车场，对用地紧张的地区可将收费价格上调，一方面增加停车设施的周转率，保障交通枢纽的换乘停车需要，另一方面也鼓励公众使用公共交通。

应设置足够的建筑小品和设施，以满足人们的多种需求。广场应有相应的各种服务设施和明确的标识系统，满足人们购物、休息、娱乐的要求。广场内或广场周围应有一定面积的自行车昼夜存放处。

作为城市的重要门户，交通枢纽应具有本城市的特点，第一时间展现城市的风貌。因此广场艺术形象的设计要充分考虑城市的整体艺术布局，从整个城市的景观规划出发，确立广场的内涵、喻义、建筑形象、形式、色彩等，以保证广场与城市的氛围一致。

不同交通枢纽的配套　　表 4–8

交通枢纽分类	一级	二级	三级
所含交通方式	轻轨、地铁等轨道交通 快速公交线路（BRT） 常规公交 大型停车场 500 辆自行车停车与租赁点 步行	快速公交线路（BRT） 常规公交 中型停车场 300 辆自行车停车与租赁点 步行	常规公交 小型停车场 100 辆自行车停车与租赁点 步行

图 4-11　对外交通枢纽注重通达性

图片来源：笔者拍摄

c. 在中心商业区人们的活动内容很广，包括购物、娱乐、聊天、放松心情、健身、约会、看展览、住宿、路过等。商业中心的步行者组成非常丰富，故其人流具有分布均匀、步行速度较慢、时间分布均匀等特点。

注意与周围道路的衔接。城市商业区与城市干道应取得协调的关系，保证必要的车辆的进入（如货运车，可以控制其进出的时间或绕开中心步行街从侧面的道路进入），又要限制其他无关车辆的干扰。除了路网的合理规划外，还应注重交通管理的作用。

注意与外部交通的联系，包括公共汽车及轨道交通。同时也应注意设置足够的停车设施，注意促进地铁车站、地下停车场与建筑物的连通。

应有足够的步行空间以组织购物的人流，尽量做到人车分流，避免车辆对行人造成的威胁，给消闲的步行者以安全感，尤其注意行人过街设施；建议城市中心主要的商业区有条件的话设置步行专用街（区），无条件设置则要重点建设行人过街通道。

要有足够的其他服务设施，以满足人们的娱乐、餐饮、交流、休息等需求。

要有清晰的标识系统，以辨别方向。

空间变化要丰富，可以采用地面、空中、地下的立体交通模式，同时应注意立体交通与周围建筑物的连通。

结合购物和餐饮空间布置高质量的儿童游戏场所，以解决年轻母亲的问题，在可能的情况下还应配置专人看护儿童。

图 4-12　中心商业区注重安全性

图片来源：笔者拍摄

d. 步行是居住区内的主要交通方式，它主要包括居民日常购买、锻炼身体活动、儿童上学、游戏、成人工作出行去公交站和就近社交活动等。居住区步行系统遍布于整个城市，是与市民的出行和生活最为密切的步行系统。不仅要满足小区居民交通的需要，同时还要供居民从事休息、娱乐、游憩、购物、文化、社交等活动。

以居民出行方便为主旨，因此在做具体规划前需要了解居民出行的类型、方式、流向和流量，首先要保证居民的通勤出行，及居住区与城市道路网及公共交通的接驳。

步行子系统要满足居住区内交通组织的基本要求，处理好步行交通与机动车、非机动车交通的关系，组织便捷的道路系统。良好的交通布局能够为居民提供方便、安全的出行链环境。

居住区步行子系统应注意与其他交通方式的衔接，尤其是与公共交通的衔接要快捷、方便，以满足居住区的通勤需求；同时应注意配置足够的停车设施，满足居住区居民的停车需求。

注意人车分流，满足居民的安全需求，减少机动车和非机动车对步行交通的干扰；应对居住区的交通系统贯彻道路稳静化设计，通过设置减速带、曲线形状的道路线形、限速、禁入以及铺装材料变化等，限制机动车速度，使行人在居住区内享有优先权。提供行人感到愉悦、老人、儿童有安全感的出行环境。

为满足居民的休息、娱乐、购物、文化、社交等活动的需要，步行系统应与居住区的学校、商店、活动室、邮局、公园等公共设施联系方便，直接可达。

注意室内设施的需求，如铺装地面、桌椅、廊亭及儿童游戏场地的设置等，满足不同年龄层次、不同活动内容的需求。

注意步行系统的环境保护，注意小区内部绿化地带与小区的连接，做好绿化规划，使之具有良好的生态环境。

注意居住区子系统内步行道路与住宅、公建等的有机联系，尽量使行人必要出行路径最短化，随机出行路径趣味化。

注意居住区内道路的无障碍设计，考虑老人的轮椅以及婴儿车等。

尊重城市的历史沿革和居民的生活习惯，保护历史文化要素，提高环境的文化内涵，建立舒适宜人的环境，满足人们的精神需求。

图 4-13　居住区注重便利性

图片来源：http：//image.baidu.com/

e. 中央商务区（CBD）的出行特点也比较明确，行人多为白领上班族，因此素质较高，出行多为通勤，有明显的上下班峰值，相对较为规律，内部同时也有居住和商业、娱乐，中央商务区往往被高强度开发，交通量也较大。

交通出行总量高，是城市中单位用地面积上的车流、人流吸引量较高的地区。因此要在全局层面规划其土地及路网的合理利用与开发，大力发展公共交通，尤其是轨道交通。

就业岗位量大而集中，往往在早晚通勤交通流量出现峰值，且由于居住人口少，昼夜交通量悬殊，机动车流量也大，更要重视步行环境，提升城市品质。

商务区还存在大量对外出行，因此规划时结合公共交通和路网，强调与区域、城市内外大型交通设施的便捷联系，步行系统作为换乘的辅助交通方式，强调便捷性。

子系统需要相对城市其他区域提供最多的停车设施，要注意停车设施与周围写字楼或商业建筑的地下相结合，在土地开发强度极高的城市地区，可以考虑采用立体交通进行人车分流，步行系统结合地铁和地下停车场建立地下换乘接驳，空中层面则与建筑结合，将空中、地下有效地利用起来。

区内人行交通系统要重视区域品质和环境。

图 4-14　中央商务区注重环境品质

图片来源：http：//image.baidu.com/

f. 体育、会展、博览中心均为举办大型活动的公共设施，因此会在特定的时期有大量人流、车流在同一时间通过城市道路系统进行集散，因此三者的交通出入口与外围城市道路和公共交通车站之间，应合理布局，保证观众的安全疏散和避免大量人流阻塞城市交通。

应尽量布置在城市干道或过境快速干道附近，并有专用道路与之相连。人流较大的场馆均有两个以上的独立出入口与城市主干道相连接，使人流、车流可以从各方向迅速集散。

场馆前的城市公共交通站（包括公共汽车和轨道交通站点），应与场馆设置在城市干道的同一侧，或以立交、地道直接与之相连，减少人流穿行马路。贵宾、运动员的车流则单独安排在一侧或设专门出入口，与观众集散人流互不干扰。停车场根据各场地观众容量分设在场区周围。

轨道交通：在大型场馆设地铁站，将是有效集散人流的方式，如果距离市中心较远，则需要轻轨交通工具。轨道交通与公交站也要分列，方便观众分流。

标识系统：因很多来看比赛或展览的观众非本地人，场馆区域较大时很容易迷路，这就需要设施清晰可见、醒目明确的标识，尤其是观众通往场馆以及观众从场馆到各公共交通站点或停车场的标识。

图 4-15　会展中心注重疏散

图片来源：http：//citylife.house.sina.com.cn/

g. 城市步行带主要包括滨水步行带、林荫步行带等，以区域步行化的方式，妥善地解决大量车行交通所带来的问题，就能较为妥善地保持原有的城市空间结构和空间氛围，从而为市民提供良好的休闲环境，并使区域特色得到延续。

注重突出步行系统的游憩功能，需要适当增加座椅的数量以及景观小品的分布密度。

注重步行带与环境景观的协调和一体化设计，道路系统融入景观带中。

适当的位置可以增设观景平台，提供多元化服务，如餐饮、摄影等。

在较为空旷的场地提供一些小型的儿童游戏设施或健身器材，形成步行者沟通交流的空间。

提供明确的游览图和尽可能生动的讲解说明有助于增加步行带的吸引力。

照明系统需要兼顾游憩的舒适性和步行者的安全性。

图 4-16　步行带注重趣味

图片来源：笔者拍摄

3. 节点层面

TOD 模式是实现紧凑型城市建设的重要途径和实现交通与土地使用一体化发展、促进人们利用公交出行的重要手段。TOD 的要点是在公共站点附近实施高强度开发、混合土地使用；提供良好的步行与自行车出行环境；TOD 范围内配置完善的生活设施公共配套设施等；实现短距离出行利用步行、自行车，中距离出行利用公共交通的绿色交通模式。

（1）公交站点与周边土地使用一体化

发挥公共交通尤其是轨道交通对城市土地开发的带动作用。对不同公共交通条件的地区采用分类指导的原则，优化地区土地利用结构与布局。对于交通换乘枢纽周边地区（轨道交通换乘枢纽和地面公交换乘枢纽），适宜安排公共服务中心，引导发展商务办公、商业服务、文化娱乐等综合服务功能；对于轨道交通普通车站和地面公交干线车站周边地区，结合区域功能定位和需要，适度安排廉租住房、经济适用住房、中小套型普通商品住房和公共服务配套设施。

①积极引导城市人流集中的功能区、大型建设项目的选址和布局与轨道交通、大容量地面快速公交枢纽或站点相结合。

②鼓励轨道交通站点周边用地的综合利用，安排商业、商务、文化等

公共服务和居住功能。对于轨道交通站点周边住宅项目的开发，应适度安排廉租住房、经济适用住房和中小套型普通商品住房等。在满足城市综合承载能力的前提下，可适当提高轨道交通站点周边（半径 500 米左右）的土地使用强度，充分发挥土地的使用价值。

③老城内轨道交通站点周边的土地利用应符合“整体保护、控制建设、疏解人口和部分职能”的原则，尤其是涉及历史风貌保护的地区，应以保护规划为前提。轨道交通站点周边的用地应审慎调整，原则上不得大幅增加地上建设规模，可以考虑充分挖掘地下空间的开发潜力，在集约用地的原则下，完善地铁与公交、步行系统的换乘设施。

④对于轨道交通车辆段等用地，应根据用地实际情况，在满足和改善交通功能和交通条件的前提下，采取相应的综合利用措施，如车辆段上盖开发等，以提高土地的综合利用效益。

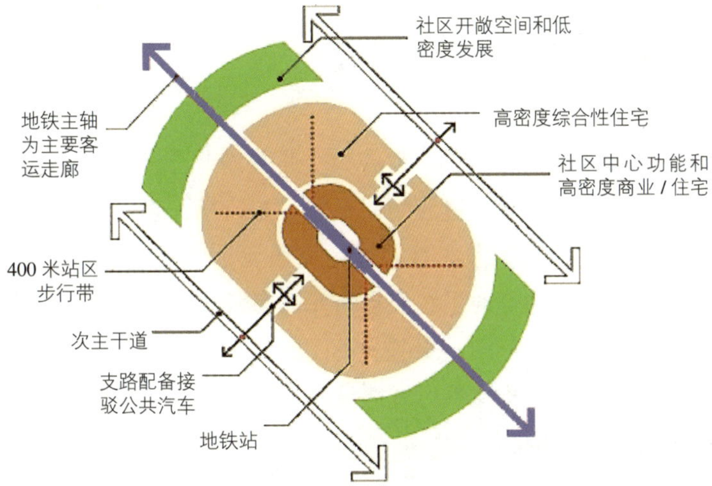

图 4-17　轨道交通主导型的综合社区发展模式

图片来源：笔者绘制

⑤地下轨道交通规划。地下段的轨道交通站点也是地下空间开发的重要组成部分。尤其是位于规划的地下空间重点利用节点内站点的开发应与相应节点地下空间规模和类型相适应，宜围绕地铁站为核心建设大型地下综合体，与周围公共建筑之间空间上连接、功能上配合和互补，做到人流集散便捷、配套商服停车等设施适当。

（2）城市大型对外交通枢纽及周边土地集约利用

①机场、铁路及公路客运站、铁路及公路货运站等城市大型对外交通设施的选址应与区域发展条件相协调，避免布局不合理和重复建设，其等

级规模应与地区的交通承载力条件相匹配。

②城市大型对外交通设施应与周边的土地利用相协调。在机场周边区域应鼓励发展临空经济区；在有条件的铁路及公路货运场站应发展物流园区，使各种资源得到有效整合；在处于城市中心区的铁路及公路客运站，宜结合实际情况适当发展城市综合商贸功能。

③城市对外客运交通设施应加强与城市公共交通系统的衔接，应优先考虑与公共交通尤其是轨道交通的衔接。轨道交通线路近期实施确实有困难的，应结合城市对外客运交通设施的建筑设计方案，同期实施轨道交通车站并预留进出线条件。

④城市大型对外交通设施应与周边规划道路交通设施同步实施。在周边规划道路交通设施近期不能完全实施的情况下，应提出降低交通负面影响的交通组织方案及保障措施。

4.2 交通方式间的一体化

随着我国交通运输业的不断发展，交通运输业已经从各种运输方式各自为营、独立发展的阶段，过渡到以枢纽设施连接和多式联运体制整合为主要特征的一体化发展阶段。城市客运交通包括市郊铁路、地铁、轻轨、新交通系统、常规公共交通系统及自行车等多种交通方式，不同的交通方式都拥有其既定的服务范围，服务于不同的需求强度和出行距离。交通方式间一体化的目标就是构建多方式协调利用的优质客运服务系统，引导形成合理的出行方式结构。

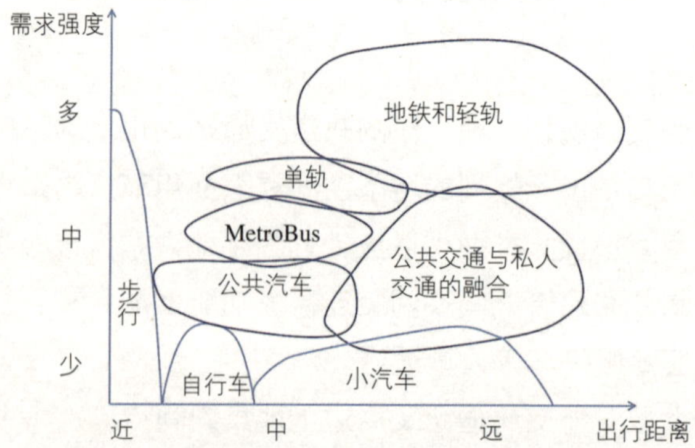

图 4-18 不同交通方式适合和出行距离和需求强度范围示意图

图片来源：陆化普 . 城市交通规划与管理 [M]. 北京：中国城市出版社，2012.

4.2.1 交通方式一体化主要内容

交通方式间的一体化规划主要内容和实现方法见表 4-9。

交通方式间的一体化规划 **表 4–9**

尺度	宏观层面	中观层面	微观层面
关键内容	支撑城市交通发展的方向：绿色交通为主导	支撑组团间交通需求的交通方式的合作与分工	支撑组团内交通需求的交通方式结构
对应关系	绿色交通为主导的导向； 满足城市交通需求特性对交通方式结构的具体需求； 充分体现不同交通方式的技术经济特性	组团间通道需求与交通方式结构关系	构成组团的生态城市单元内与内外交通需求与交通方式结构关系
规划设计原则	战略方向：绿色交通为主导	通道供给以公共交通为主导； 通道供给与通道需求相互配	生态城市单元内以步行和自行车为主； 组团内各功能用地单元间以公共交通为骨干
实现	根据城市规模、具体特点和交通需求特性，确定绿色交通为主导的具体交通方式结构； 道路资源、交通设施向绿色交通出行者倾斜	根据通道需求，确定通道供给模式，即交通方式分工模式； 在上述基础上实现通道供需平衡，即交通方式合作模式	建立生态单元规划设计指南

4.2.2 宏观层面

将绿色交通作为支撑城市交通未来发展的方向，制定好城市交通发展战略规划，解决城市交通问题、实现资源最佳配置。

绿色交通系统是以减少交通拥挤、降低能源消耗、促进环境友好、节省建设维护费用为目标的城市综合交通系统。绿色交通的狭义概念更加强调交通系统的环境友好性，主张在城市交通系统的规划建设和运营管理过程中注重环境保护和生活环境质量。绿色交通的广义概念包含了推动公交优先发展、促进人们在短距离出行中选择自行车和步行的出行模式，节约能源、保护环境、建立公共交通为主导的城市综合交通系统等[3]。

1. 规划目标和原则

传统综合交通规划的目标是满足交通需求，规划重点和主要过程是分析预测交通需求，根据交通需求制定规划方案。也就是说传统交通系统规划是单目标规划。而绿色交通系统规划要实现的目标是以最小的资源投入、最小的环境代价、最大程度的满足合理的交通需求。也就是说，绿色综合交通系统规划目标有三个，即节约资源、保护环境、满足需求。其中，节约资源和保护环境是前提，满足需求是交通系统的基本功能要求。

绿色交通系统规划中应遵循如下几个方面的原则:

（1）绿色交通方式优先原则

在交通发展战略、通行时空资源配置、交通工程设施设计与交通管理方案制定等各方面，突出落实绿色交通优先原则。大力推进以轨道交通为骨干的综合公共交通系统建设。特大城市尤其要加快轨道交通建设，充分发挥轨道交通的骨干作用和对城市及城市群发展的引导作用。实施步行与自行车优先策略，改善慢行环境、提高绿色出行比例，引导形成绿色交通模式。

（2）以人为本原则

绿色交通系统规划坚持“以人为本”的规划设计原则，注重人的安全性、方便性、舒适性和可达性，为不同需求的交通出行者提供交通出行的可能性，如残障人士，老幼人士等，以促进社会公平，保障社会和谐。上述思想体现在网络规划、道路资源配置、运营管理以及交通工程设计等全环节当中。

（3）环保性原则

在交通系统的全环节注重环保节能。优化资源利用，提高资源利用效率。减少环境污染，促进生态系统良性循环。

2. 规划设计要点

（1）提高质量公交服务作为规划的核心目标

高度重视公共交通优先战略及以公交都市的形成。众所周知，无论是可持续交通还是绿色交通、低碳交通，其核心本质和建设目标都将是建设以公交为主导的城市综合交通系统。因此，全面规划、精细设计公交系统，把提供高质量公交服务作为规划的核心目标，是绿色交通系统规划设计的显著特点。

（2）把步行、自行车系统规划作为重要的规划内容

步行出行作为城市居民出行的主要交通方式之一，通常占城市居民出行总量的30%左右。因此绿色交通系统规划将步行、自行车系统规划作为重要的规划内容，在规划设计中充分体现步行与自行车优先策略，努力改善慢行环境、从而实现提高绿色出行比例，引导形成绿色交通模式的目的。

慢行交通系统规划通过对不同区域的精细分析，根据不同区域的需求特性，对整个规划对象进行分区，规划设计与城市特点相适应、与公共交通相衔接的安全、方便、舒适、富有情趣的慢行交通系统。绿色交通分担

率的控制，即步行、自行车和公共交通系统的出行率，应借鉴国内外可持续发展先进案例并结合当地的交通评估进行制定。在土地使用规划和交通规划的初期就应该制定该指标，避免重复建设对资源的浪费。不同的交通模型中，这三种绿色交通方式的比例可以按需求进行调整，但大多数欧洲可持续社区案例中，一般制定的是私家车出行率限制指标，如瑞典巴斯尔市规定，总的出行次数中私家车出行率不超过25%。

（3）将需求管理引入规划方案

根据城市发展的阶段特点和交通需求特性，采取合理的交通需求管理措施以实现城市交通供求关系的动态平衡，是我国城市的长期任务和对策，不是权宜之计。绿色交通系统规划将把需求管理内容纳入规划中，自始至终通过调整交通供给和交通需求两个方面，实现交通供需求关系的动态平衡。

在规划初期开始对规划区进行交通评价，运用评价的成果指导进一步的交通规划，这对于确定新社区的对外和内部交通需求至关重要。

（4）注重考虑资源环境问题

Forman指出，当道路网络和各种交通工具为人类社会带来巨大效益的同时，他们对自然景观和生态系统所产生的诸如环境污染，景观破碎、生态环境退化、增加生物死亡率、生物多样性减少、外来物种入侵、生态阻隔和廊道效应等各种生态影响也在不断扩大，并且这种影响现已至少涉及全球陆地面积的15%～20%。因此正确理解、评价和全面分析交通对生态宜居城市发展所产生的影响，充分发挥其积极效用，最大限度地减少其负面作用，对于实现我国城市的健康可持续发展具有重要意义。

绿色交通系统规划设计强调综合交通系统的环保节能、强调交通系统与生态环境的协调，主张在城市交通系统的规划建设和运营管理过程中注重环境保护和生活环境质量。因此，在综合交通系统规划设计方案中应当体现交通系统的资源节约性、环境友好性和景观协调性，促进低排放、低能耗的交通工具的推广使用，促进建立公共交通为主导、步行和自行车为主要补充的城市综合交通系统的形成。

（5）注重创造公共交通的比较优势

绿色交通系统规划设计注重公共交通的比较优势。比如，在综合交通枢纽的规划设计中，把最方便的空间、最好的位置优先步行和公交的使用；在建设时序上强调公交建设与小区建设同步实施等原则，以创造公共交通的比较优势，达到吸引更多出行者利用绿色交通系统出行的目的。在不适宜步行或自行车通行的行程中，公共交通的使用应成为一种“常态”。

（6）在道路设计中注重道路资源向绿色交通倾斜

依据城市规划布局和土地使用规划，合理规划道路网络的功能、等级，科学设计道路横断面，在道路设计中注重道路资源向绿色交通倾斜，设置公交专用道，确保步行和自行车通行空间，使不同交通方式各行其道，实施机非隔离、人车隔离，设置过街行人安全岛，提高交通安全和运行效率，强调可行走的城市建设，建立环境友好和以人为本的道路交通系统。

（7）在综合交通枢纽规划设计中注重无缝衔接、零距离换乘

无缝衔接、零距离换乘是当前发达国家城市建设一流交通系统所追求的重要目标之一，交通枢纽规划设计的好坏是影响交通运输系统效率的最重要因素。要想实现综合交通枢纽的无缝衔接，需要实现综合交通枢纽的物理空间一体化、运营管理一体化、信息服务一体化和票价票制一体化。

例如英国伦敦于2000年成立的伦敦运输局（TFL），统一管理大伦敦市域的交通运输工作；建立可共享的实时交通信息平台满足出行需要；整合的遍及伦敦的无缝交通体系，提供公共交通24小时可达主要公共设施的服务，可供选择的出行方式有地铁、火车、轻轨、公交车、有轨电车、船、索道、客运巴士、出租车和微型租赁车、租赁电动自行车、自行车和步行等；提供公共交通一卡通（Oyster card）服务，为当地居民和外来游客提供便利和优惠的出行选择。

（8）在停车规划中考虑满足需求和抑制引导的双重作用

提供必要的停车设施是改善交通秩序、提高道路通行能力的重要途径。应根据实际需求，加强配建停车场的建设和使用管理，建设必要的社会停车场，合理设置路边停车泊位。同时停车泊位的供给合理性对人们的交通选择行为影响很大。绿色交通系统规划中的停车系统规划考虑和反映停车设施对小汽车的使用抑制和引导作用。

（9）注重使用环保节能新技术

在规划设计中要注重使用环保节能新技术、新工具、新装备，促进交通系统的资源节约、环境友好和景观协调，提高低排放、低能耗的交通工具使用率，积极构建绿色智能交通系统。

（10）注重精细化交通工程设计和信息化管理手段

持续努力改变人的交通行为是一项长期任务，现阶段注重通过设施的

使用改变人的交通行为。设计中注重完善的道路安全设施、实施精细的交通工程设计。交通系统的效率、秩序和安全性很大程度上可通过合理、科学的交通工程设计来实现。比如，设置行人过街安全岛，以交通功能为主的主次干路设置隔离护栏，完善过街设施和相关标志标线等。尤其是智能交通系统（ITS，Intelligent transportation system）的使用，将大大提高交通管理的执法效率、交通组织管理的科学性和改变人们不良交通行为的威慑作用，是提高道路系统通行能力、提高交通安全性和有序性的投资小、见效快的有效途径。

4.2.3 中观层面

统筹考虑市郊铁路、地铁、轻轨、新交通系统、常规公共交通系统及道路网，根据城市组团间交通需求，组团间通道需求确定合理的交通方式结构。

1. 规划设计原则

（1）通道供给以公共交通为主导

在我国人均用地资源有限的情况下，集约式发展是必然的选择。以公共交通为导向引导城市土地开发，能实现土地的高效利用。公交客运走廊沿线的土地因为交通可达性好，开发行为活跃，配套以商住混合用地及就业岗位集约利用，可以大大减少小汽车出行，以公交联系城市组团，可为居民提供便捷低廉的出行方式。

（2）通道供给与通道需求相互配

统筹考虑市郊铁路、地铁、轻轨、新交通系统、常规公共交通系统，通过定性和定量分析确定合理的通道供给，根据通道需求特性选择合适公共交通结构。线路走向应与客流主流向一致，和客流分布相协调，以满足乘客需求。

2. 规划设计要点

（1）根据城市功能合理组织交通走廊规划，交通方式与客运功能匹配

交通走廊为城市高机动性交通的走廊，是体现城市功能区之间联系的骨架，在城市交通组织中是一个整体。通过枢纽或者转换实施与城市本地交通服务网络进行衔接，如公共交通枢纽、中心站点、道路出入口。

中观层面客运交通走廊按照功能可以分为两个等级（表 4-10）。

客运交通走廊等级划分　　表 4–10

等级	功能	交通要求
I 级走廊	城市和区域主要发展轴向，城市和区域主要中心联系，主要对外交通接入方向	复合、高 / 快速
II 级走廊	城市中心与次级功能中心的联系，城市内部的主要联系通道	复合、快速

（2）公交规划与城市规模和级别相匹配

一般小城镇公共交通线路主要起到联系城市中心、对外交通枢纽、工业中心、体育休憩设施和乡村的辅助作用（图 4-19）[4]。

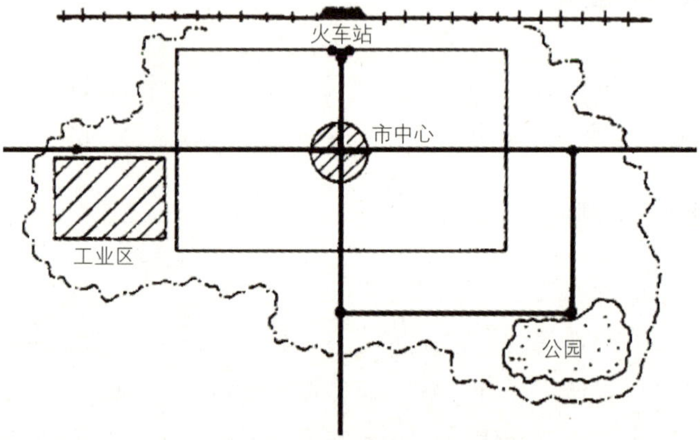

图 4-19　小城市公共交通网

图片来源：陆化普．城市交通规划与管理 [M]. 北京：中国城市出版社，2012.

中等城市应形成以公共交通为主体的公共交通线路系统。在带状发展的组合型城市，达到一定的客流需求，可能需要设置快速公共汽车（如 BRT）或轨道线路，加强分散城区之间的联系（图 4-20）。

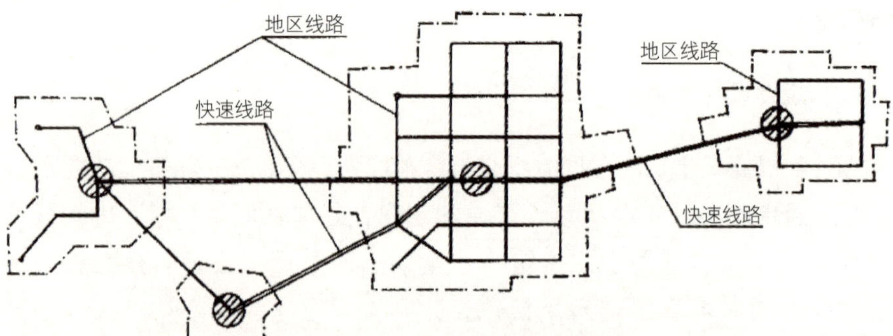

图 4-20　分散组合型城市交通网

图片来源：陆化普．城市交通规划与管理 [M]. 北京：中国城市出版社，2012.

对于大城市和特大城市，客流以及城市发展满足需求时，应形成以快速大运量轨道公共交通和准快速市级公共交通汽车干线为骨干的方便的公共交通网。

（3）建设层级健全清晰的一体化公交系统，郊区铁路、地铁和其他轨道交通方式以及常规公共交通整合运营

明确各类公共交通方式的功能定位，充分发挥各类公共交通方式自身优势，尤其是轨道交通的骨干作用，加强公交系统内部各要素的整合，提高其整体规模效应，逐步建立一体化的、多层次的公交线网，适应不同客流规模的公交需求（表 4-11）。

各种公交方式定位　　　　表 4–11

交通方式	定位
轨道	加快建设，形式多样，构筑组团间客运联系的主体
大运量快速公共汽车运营系统（BRT）	创造发展，构筑主要功能组团间客运联系主体
常规公交	奠定客运交通的基础，接驳骨干公交系统
出租车	实施总量控制，成为公共交通高档次服务的有效补充
私人小汽车	有序发展，设施供给与需求引导相结合，引导有节制使用
步行	保障步行空间，创造人性化的步行交通环境

构建公共交通一体化网络体系。在交通需求量大、出行需求多样化的大城市，一个合理高效的公共交通线路网络必须要有合理的分层分级体系。根据的不同出行需求，设计多样的运送标准，满足交通格局发展的要求。在公共交通网络中，公共交通出行根据出行距离的不同可分为长、中、短距离出行；线路客运量有大运量、中运量、小运量之分，线路运输特征有干线运输、支线运输、接驳运输之分。公共交通系统应该针对多样的出行需求，细化公共交通内部分工，为不同特征的乘客提供相应的、高效率、差别化的公共交通服务（图 4-21）。

根据以上公共交通线网分层分级理念，将公共交通线网划分为四个层次，分别是骨架线路、公共交通干线、普通线路和接驳线路。骨架线路指轨道交通及快速公交线路，是轨道交通线路的重要补充。常规公交线路分为公共交通干线、普通线路和接驳线路。公共交通干线采用直达线和大站快车的线路形式，提供高速度的便捷服务，主要起到沟通大型集散点作用。普通线路数量多、分布广、站距适中，主要起到加大公交的覆盖密度作用。接驳线路主要服务于地区内交通出行、连接普通集散点与市、区级集散点，提高公交的可达性。

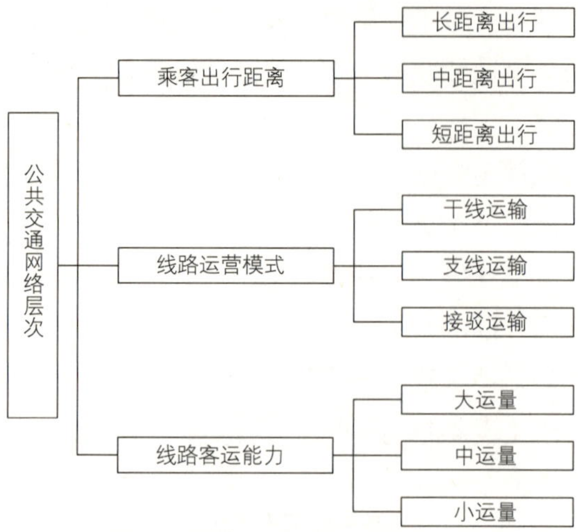

图 4-21　公共交通网络层次

图片来源：笔者绘制

同一种交通模式内部也要注意结构优化、均衡供应，其中的主要内容有：协调公共大巴和公共中小巴之间关于线路走向、运力配置和服务档次的关系。建立多层级的轨道交通系统，由地铁、轻轨、市郊铁路等多种制式组成，分别承担市区内部、市区与近郊、中心城与周边新城的通勤需求。

（4）引入智能公交管理系统

智能公共交通系统是在对公交系统优化的基础上，运用系统工程理论将交通流诱导技术、差分 GPS 定位技术、GIS 及地图匹配技术、公交运营优化与评价技术、计算机网络技术、数据库技术、通信技术电子技术、智能卡技术等先进技术科学集成，形成集智能化调度、公交电子收费、信息服务、网络通信于一体的先进的公共交通管理系统。

（5）积极利用新技术，提高企业现代化管理、经营水平

当前我国公交企业的科技含量不高，这在一定程度上影响了公交系统的服务水平。在运营车辆方面，目前国外公交系统都在积极开发使用代用清洁燃料、污染小、乘坐舒适的新一代环保型公交车辆；在运营管理方面，ITS 技术及 IC 卡收费方式的应用使得公交系统的效率和服务水平得到很大的提高。我们应当加大在这两方面的科技投入，使得城市公共交通系统的服务水平进一步提高。与此同时，应该重视提高公交企业职工的文化、科技及业务素质，以保证新技术和设备在公交行业的应用。

（6）加快实现城乡公交一体化

城乡公交一体化对于加快城市带动乡村发展、构建和谐社会，对于改

善农村居民的出行条件、提高交通安全水平，具有重要意义。

随着我国城镇化进程的快速发展，城乡之间的交流日趋频繁，城乡居民不断增大的出行需求为城乡公交提供了客流来源。城市交通出行模式由原来的单一的核心区交通活动出行模式，转变为区域内核心、向心、环绕及穿越等交通活动并存的出行模式，尤其随着城乡一体化的纵深发展，乡镇居民不再单纯从事农业生产活动，越来越多的农村劳动力逐渐向其他产业转移，使得城乡之间、乡镇之间的联系日益密切，人员流动日趋频繁。与此同时，农村公路的快速发展也为城乡公交创造了良好条件。交通运输部数字显示，2003 年至 2011 年，全国共新改建农村公路 272 万公里，新增通车里程 220 万公里；全国乡镇通达、通畅率分别达到 99.98% 和 97.17%，建制村通达、通畅率分别达到 99.39% 和 83.89%；新增农村客运线路 5 万余条，新增日发班次 60 余万个，全国乡镇、建制村通客运班车率达到了 98.12% 和 91.47%。近年来农村公路覆盖面明显扩大，特别是东部发达地区的许多城市，已经或即将完成村村通公路的发展目标，这将为公交一体化发展提供良好的道路条件。城乡日益增加的交通需求，迅速发展的农村公路，以及一系列宏观政策对城乡交通发展的重视，都促使了城乡公交一体化策略的形成。多年来，我国许多城镇的公交或者客运班车存在的弊端颇多：线路分布不合理，难以满足农民群众出行需求；营运车辆老化严重，安全性能不足，车辆状况堪忧；场站建设和换乘枢纽建设落后，服务水平有待提高；管理体制混乱，营运机制不完善；政策保障不足，票价制度不合理；道路安全隐患严重，交通违规现象严重，交通事故占有比例高。这些问题严重阻碍了农村公交的发展，影响着广大农民的出行效率和出行安全。

城乡公交一体化作为一种连接城乡、布局合理、方便群众出行的公共客运网络模式，是换乘便捷、服务优质、安全快速的居民出行系统模式，是农村客运与城市公交实行统一管理、合理分工、有序衔接、资源共享、协调发展的一种公交发展运营组织模式。其定义概括为：通过城乡道路客运诸元素的合理配置，将场站建设、网络布局、车辆运行、经营管理、服务体系等有机地结合为一体，利用公交化运作方式，实现城乡居民的有序流动和市场的有序运行，能够最终达到方便旅客出行、促进社会经济发展的目的。

城乡公交一体化作为一种供给策略，是针对我国城乡之间特殊的交通需求的供给模式，它综合考虑我国城乡公交的现状，充分考虑交通供给与交通需求的匹配性，在空间上合理分配；在供给方式上采用城乡一体化的模式，解决农村公交在建设、运营、管理上的问题。城乡公交一体化，并没有作为一项指导性的基本政策在我国全面提出，但是城乡公交一体化，充分借鉴了国外城乡交通发展的经验，符合我国大多数城乡发展的特殊国情，近年来，专家学者对城乡公交的问题研究日趋深入，越来越多的城市将城乡公交一体化作为城乡发展的重点工程。

（7）建设具有合理层次序列的道路网，合理分配道路的空间资源

城市道路网的规模、层次结构以及功能设计对交通系统的效率、交通组织与管理方案的制定、经济发展以及交通利用者的方便程度等，均有很大影响。从层次结构上看，城市的次干道应多于主干道，支路应多于次干道；从连通关系来看，支路应与次干道相连，次干道应与主干道相连；同时，道路的规划设计、交通组织管理方案的制定，应与道路的功能定位相一致。总体上看，我国城市注重修建大路、宽路，而往往忽视道路间距指标，使得主次干道密度过小。道路修建过宽，不但导致行车交织过多，而且不利于行人安全过街。

4.2.4 微观层面

微观层面，城市单元是城市规划设计的基本单位，也是构建绿色交通系统、强化文化生态、形成城市特色的基础。城市单元在具有一个主功能的同时，兼有居住、商业、产业、金融、休闲、文化等主功能以外的其他混合功能。决定城市单元属性最为重要的因素首先是单元内的土地利用形式。创造城市功能与自然生态、文化社会属性相互和谐共生的城市特色首先需要确定好单元定位，进而明确其土地利用形式和开发强度。在此基础上，交通系统的总体风格特色要与单元的定位相协调、与单元的历史文脉和风格特征相一致。

1. 规划设计原则

生态城市单元内以步行和自行车为主；组团内各功能用地单元间以公共交通为骨干。

2. 规划设计要点

（1）老城区核心的历史街区城市单元

原则上保持历史传承下来的道路网络结构，着力形成以步行、自行车为主体，以公交为辅助的绿色交通系统，打造可行走的城市。重点通过打

通微循环、科学交通组织、消除通行能力瓶颈、加强停车与限速管理等措施，形成良好的交通秩序、提高交通安全水平，突出生态文化特色，提高城市的认同感、观赏性和魅力度。切忌在这种区域大拆大建、强行拓宽道路、无理改变线型、草率拆毁历史建筑、随意改变历史文脉和街区氛围，错误定位交通结构和随意提高车速等。

（2）居住功能为主的城市单元

不改变自然地形地貌、充分利用已有的环境生态系统。应提供日常购物步行可达、小学生上学不跨越交通性主干路，日常的全部生活服务在5分钟可达的范围内的公共服务配套设施。规模小的居住单元的内部出行以步行和自行车为主，规模大的居住单元在投入使用时同步提供社区公交服务。采用小型公交车辆，提供门到门的及时、方便的公交服务。与之衔接的干线公交站点应提供自行车停车换乘设施，鼓励全程的绿色交通出行。长距离出行以常规公共交通或轨道交通为主。

（3）商业金融为主的城市单元

老城保持传统特色，包括历史建筑、历史街区的保护利用；新城按照生态城市、绿色交通系统的理念原则进行规划设计。所吸引的人流来自整个城市，交通结构的目标是：单元内以步行为主，单元间以轨道交通为主。步行系统与公共交通和公共空间有机结合，形成立体交通系统，步道与轨道交通融为一体。

（4）产业为主的城市单元

此单元的交通需求主要是上班和货运需求，此单元的客运交通系统应以公共交通为主体，同时保证充分的道路系统的运输能力与效率，从而为高效率的货物运输提供条件。建设花园式厂区，提高厂区内温馨完善的步行道路系统。交通方式的主要特征为：客运以公交为主；货运以汽车交通为主。在道路网络中，交通功能为主的道路占主体。

（5）交通枢纽为中心的城市单元

这是城市最具活力和魅力的城市空间，交通系统与周边土地完全一体化开发。高强度开发、混合土地使用。以公交枢纽为中心，开发强度以此降低，用地功能配置由内向外以此为商业、办公、居住、产业等。该区域现代化特征显著、混合用地特色鲜明、功能构成多样化。交通系统突出强调无缝衔接、方便接驳换乘、多种交通方式分工合作、密切配合。以大运量公共交通具有迅速疏导大量人流的能力为主要标志。

（6）休闲绿地和公共空间为主的城市单元

此单元的性质决定了交通需求时空的分散特性，以步行和自行车为主，在需求量大的公共活动空间，提高服务于长距离出行客流公共交通。应高度重视绿道建设，提供健身休闲以及驻足观赏的通行条件和空间条件。

总的来说，城市单元承载了城市特色，构建了城市的内部认同性，为一个城市表达其魅力创造了基础条件。基于文化生态学的城市交通规划应通过对城市内部认同性的发掘，减少交通系统对城市生态、文化系统的负面冲击，利用交通规划的手段，塑造、配合城市生态、文化系统的发展和进步。

4.3 交通枢纽的一体化

一体化的实质是基于设施的交通组织和服务，把一次出行从起点到终点作为一次服务进行统一组织。即通过设施、运营、价格和管理的良好衔接来提供“无缝隙”的出行服务。在提供的服务上不同交通子系统都将在其适应的范围内发挥特有优势，实现资源最有效利用和交通系统整体服务水平的提高。大城市交通组织方式的转变使得交通枢纽成为城市交通出行组织的关节。随着城市的扩张和综合运输的发展，枢纽成为城市开发建设、管理、服务、运营真正综合的关节，不再是不同系统中的枢纽，而是成为交通综合的抓手，成为一体化实施中实质性推进的切入点。

4.3.1 交通枢纽主要内容

轨道交通枢纽具有“交通节点”和“城市场所”的双重功能。交通节点功能是指枢纽的建设应当以无缝衔接、零距离换乘为当前综合交通发展追求的目标，各种交通方式应通过交通枢纽实现一体化换乘，从而最大程度地方便乘客，提高公共交通的分担率和服务水平，使综合交通枢纽成为环境温馨、方便舒适、有巨大吸引力的公共空间。城市场所功能是指轨道枢纽可以凭借其优越的交通可达性，成为城市发展的触媒和催化剂。带动周边地区土地升值，产业集聚，诱导人口及就业在城市中的重新分布，引导城市结构的调整，构筑面向区域的，多功能、综合性的新城中心或城市副中心。良好的可达性能够吸引城市功能的集聚，反之适度密集的城市功能又会带来充足的客流，因此只有当节点价值和场所价值达到平衡状态时枢纽及其周边城市开发才会实现良性互动与发展。枢纽的一体化开发是实现平衡状态的关键途径。

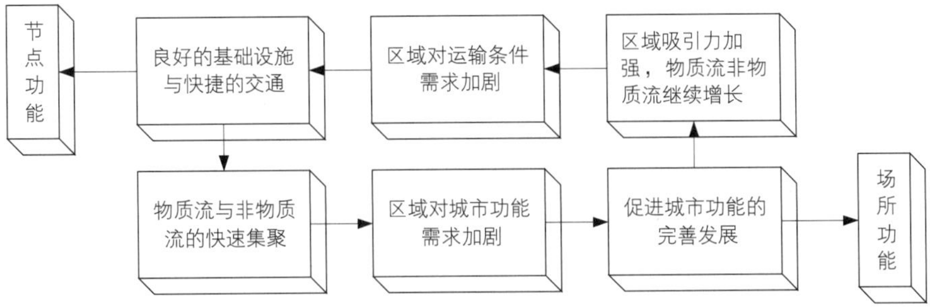

图 4-22　运输“节点”功能与城市“场所”功能的良性循环

图片来源：笔者绘制

如表 4-12 所示，交通枢纽的一体化主要包含土地开发一体化、交通功能一体化和建筑景观一体化三方面内容。

交通枢纽的一体化开发内容和途径　　　　表 4-12

类型	土地开发一体化	交通功能一体化	建筑与景观一体化
关键内容	交通枢纽与周边土地一体化开发	不同交通方式的无缝衔接、零距离换乘	建筑物成为城市公共空间、城市特色
对应关系	一体化开发范围、模式、用地功能配置、开发强度	交通接驳的一体化； 不同流线的合理组织（由于存在多种功能）； 站点周边交通的配套	在满足功能基础上，让枢纽建筑物成为城市重要节点、城市亮点
规划设计原则	对交通枢纽站点分类，确定不同性质用地的比例、规模、开发强度及空间布局等，打造以枢纽站点为核心的 TOD 模式社区	根据不同类型枢纽车站进行交通方式接驳规划设计，强化各种交通方式无缝衔接、零距离换乘，体现在“物理空间、运营管理、信息服务、交通票制”的一体化	打造一体化的景观特色，增加枢纽区域的舒适性和方便性、生态性，规划设计引入地域文化与人性化设计
实现方法	建立枢纽站点周边及其周边用地一体化开发规划设计指南	针对接驳的一体化：需要从规划、设计、建设环节入手实现换乘一体化	在满足功能规划设计的基础上，从时间（现状与未来）和空间（交通枢纽与周边用地）两方面实现

4.3.2　枢纽周边土地开发一体化

1. 枢纽分类

根据我国轨道交通站点的现状、位置和作用等不同，考虑车站周边交通流量、换乘需求、土地可利用潜力等方面因素，根据人流交通密度程度，换乘需求量大小和车站周边用地开发潜力的不同，在进行轨道交通站点开发利用时，将轨道站点的类型分为以下几种类型（表 4-13）。

轨道交通枢纽站点分类一览表　　表 4-13

交通枢纽分类	区位及功能	包含的主要交通方式（按照优先顺序）	案例
城市对外综合交通枢纽	主要承担城市对外交通（铁路、机场、公路客运、港口码头）功能	城际交通、城市轨道交通、城市公共交通	北京南站，上海南站虹桥枢纽
城市综合交通枢纽	位于城市核心区，服务城市整体范围，城市内部交通为主	城市轨道交通、常规公共交通系统交汇衔接，几乎具备全部城市交通方式	上海市由浦东小陆家嘴和浦西外滩组成的中央商务区，东京丸内，香港的中环
片区综合交通枢纽	位于片区中心，服务于城市某个片区或组团范围的交通枢纽，兼顾整个城市需求	轨道交通为主、通过性公共汽车、自行车、步行、出租车、少量小汽车	东京的新宿、池袋、大崎等七个副中心；徐家汇、花木、江湾一五角场、真如四个副中心
一般交通枢纽	主要服务于城市某个功能区块的交通枢纽	两条轨道交通相交；轨道交通、公共汽车为主，自行车、步行、少量出租车	上海中山公园商圈
轨道交通站点	主要是指以服务于社区功能为主的站点，位于居住区或社区商业中心	单个轨道交通站点，自行车、步行衔接为主	上海市的延长路站、赤峰路站

各个城市在实际建设中，车站功能定位应从交通与用地两大功能来考虑，兼顾节点与场地的双重特性。通过基础性调查研究，结合对城市交通接驳体系和沿线用地功能结构的分析，对轨道车站的交通接驳功能及其周边用地发展特征进行综合判断，明确其将来的发展方向，为车站地区的规划给予明确的指导。

2. 一体化开发控制范围

亚洲地区典型城市一体化开发范围统计（单位：米）　　表 4-14

城市	城市中心区	城市外围区（郊区）
东京	650	1500
香港	500	700
首尔	600	1000

东京、首尔、香港等大城市在轨道交通建设与城市开发中有很多成熟的经验。在对三座城市的实际情况进行了调查分析后发现，这些经验对我国轨道交通车站周围土地开发范围的确定具有很重要的参考意义：

（1）对于位于城市中心区的车站，由于车站密度高，合理开发范围宜取合理步行区。

（2）对于新开发地区的车站，需要进行合理开发范围的估算。根据案例经验，城市外围新建区域有蔓延式和密集式两种发展形态：前者以东京为代表，在远郊，往往根据车站周围城市规划目标确定土地开发的范围，在车站周围沿道路通达性较好的方向，通常建设及规划范围可达到1500米。后者以香港为例，由于受地形限制，自然条件限制了土地可开发范围，香港采取了车站小区域内500～700米，高强度的土地开发策略。

（3）同一条线路上，受车站所在地区开发策略、自然地形等条件的影响，各车站周围土地实际开发范围的形状、大小各异。

结合我国大城市土地开发情况，依据车站各自的区位条件、地理位置等因素，参考相关理论和国外城市轨道交通车站周边土地开发的成功经验，以及国内对轨道交通与土地开发的相关研究成果，对轨道站点周边一体化开发控制范围限定如下：

（1）站点周边半径200米为核心影响圈范围。

（2）对于城市内部的站点，根据轨道交通站间距的不同，将轨道站点周边500～1000米的步行可达区域作为一体化开发的主要控制范围。

（3）对于城区外围（郊区）的站点，一方面考虑随着距市中心距离的增加，轨道站点距离增加其影响范围扩大，另一方面根据站区空间圈层发展结构理论，将站点周边1000～1500米范围内的区域作为一体化开发的主要控制范围。

3. 枢纽一体化规划设计技术策略要点

（1）枢纽选址与城市总体规划相结合

城市空间拓展进程中，应当与城市功能区统筹考虑做好综合交通枢纽体系的布局规划，以综合交通枢纽引领城市建设和城市空间结构调整，充分发挥枢纽对城市功能的区域效应，提高枢纽周边土地使用集约化程度，并能实现枢纽与城市综合开发的一体化，形成集枢纽与城市主要功能区于一体的“枢纽区域”，推进城镇化进程健康有序发展。

（2）站点地区土地一体化开发总体策略

①确定片区功能定位，规划核心区用地性质应以商业、办公、居住、交通等功能为主，用地应体现紧凑性，在竖向空间上提倡功能的混合使用；

②在符合有关法律法规及交通、市政、景观、日照、消防、安全等规定的前提下，可根据总体规划的要求，结合城市空间组织的需要和经济的可行性，以高强度开发为目标，在规划核心区合理确定地块容积率；

③城市轨道交通站点一体化规划控制范围内的各类新建、改建、扩建工程项目，必须符合片区控制性详细规划；

④站点所在片区未编制控制性详细规划的，必须按相关程序编制控制

性详细规划；站点所在片区已编制控制性详细规划的，必须按相关程序调整控制性详细规划；

⑤在轨道交通站点周边 200 米半径范围内的新建改建项目需进行交通影响评估，站点周边 500 ~ 1000 米（新城 1000 ~ 1200 米）的建设用地范围内应进行站点综合开发规划研究；

⑥为提高规划管理的精细化水平，站点所在片区需要编制《轨道交通站点周边地区一体化规划研究》，控制性详细规划的编制或调整必须以《轨道交通站点周边地区一体化规划研究》为依据；

⑦为促进站点周边土地储备与联合开发，在编制《轨道交通站点周边地区一体化规划研究》时，市、镇储备土地应优先规划为商业、办公、居住等经营性用地，并优先考虑提高地块容积率；

⑧注重地下空间的开发利用，充分利用因轨道交通建设自然形成的地下空间，集中布置商业、交通集散以及休闲娱乐等综合功能；

⑨在轨道交通站点周边控制范围内，除必需的市政、园林、环卫和人防工程，以及已经规划批准或者对现有建筑进行改建、扩建并依法办理了许可手续的建设工程之外，不得进行其他建设活动。

（3）站点地区一体化规划编制流程

①《轨道交通站点周边地区一体化规划研究》由各地市城乡规划行政主管部门会同市相关部门及所属镇（街）、园区管委会组织编制，市相关部门及所属镇（街）、园区管委会的主要任务是协助编制单位收集相关资料，对各阶段成果提出意见和建议。轨道交通线站位方案基本确定后，市城乡规划行政主管部门应立即启动《轨道交通站点周边地区一体化规划研究》的编制工作，具体时间由市轨道交通主管部门确定。

②编制《轨道交通站点周边地区一体化规划研究》需市政府批复同意，编制费用由市财政安排。

③《轨道交通站点周边地区一体化规划研究》的主要规划目标：

a. 确定规划核心区的功能定位、城市空间形态、道路交通体系、用地开发、地下空间布局，并进行相应的经济分析，其研究深度应达到控制性详细规划的深度；

b. 确定轨道交通设施的合理衔接，其研究深度应达到修建性详细规划深度。

④《轨道交通站点周边地区一体化规划研究》的报批程序：

a.《轨道交通站点周边地区一体化规划研究》形成送审稿之前，市城乡规划行政主管部门应组织召开专家评审会，并征求市相关职能部门、相关镇（街）、园区管委会的意见；

b. 根据相关意见，编制单位修改完善后，报市城乡规划行政主管部门会同市轨道交通主管部门初审；

c.《轨道交通站点周边地区一体化规划研究》送审稿通过初审后，由镇（街）、园区管委会负责编制或调整相关片区的控制性详细规划；

d.《轨道交通站点周边地区一体化规划研究》与片区控制性详细规划同时报市城市规划委员会审议；

e. 市城市规划委员会审议通过后，报市政府批准。

⑤市政府批复同意编制《轨道交通站点周边地区一体化规划研究》之日起，至片区控制性详细规划依程序审批通过之前，城市轨道交通站点一体化设计控制范围内，除已办理了《建设用地规划批准书》或在市城乡规划行政主管部门办理了地块总平面图方案审查手续的建设工程之外，其他新建、改建、扩建工程项目一律停止审批。确需在停止审批期间开工建设的项目，应首先征得市轨道交通主管部门同意，再报市政府批准。

（4）站点地区用地规划控制一体化

①开发指导基本策略

有目的地引导站点周边土地的高强度混合开发和再利用。使沿线原有的分散型居住、工业仓储用地等向商业金融、高密度住宅、文化娱乐、交通中心等集约土地性质调整。轨道交通站点地区土地开发强度按照可达性通常由站点中心向外逐渐呈梯度递减分布，具体方案需要结合站点在城市总体规划中的区位，因势利导地开展对开发强度的控制。

对于不同枢纽地区采用分区分类控制原则，见表 4-15、表 4-16。

不同类型站点周边用地开发建议要点　　　　表 4-15

枢纽分类	功能	土地开发建议
城市对外综合交通枢纽	综合交通枢纽所在地，以交通客流集散为主要功能，凭借良好可达性带动周边地区发展，形成新的城市中心	枢纽合理安排与各种交通方式的一体化衔接，实现与轨道交通、公共汽车、出租、小汽车的无缝换乘。充分发挥其内外交通节点的转换功能。枢纽内部及周边建立完善的步行系统并与城市步行系统保持连续性。枢纽周边开发以交通用地为主，优先建设交通保障设施。土地开发类型按重要性由内而外依次为交通设施用地、商业、商务办公、居住。枢纽周边保证一定面积的公园绿地等开敞空间，确保应留集散和防灾功能，充分展现城市门户的形象
城市综合交通枢纽	位于城市核心的商贸、商务分布地区，人口密度较高，有良好的区位优势和聚集效应。服务城市整体范围，城市内部交通为主	完善其大型商业金融、行政办公、文化娱乐、服务、公寓等功能，提供更多的混合用地以及服务于城市较大范围的公共开敞空间。确保不断拓宽的道路空间中步行空间的充足和舒适，建立完善的步行系统，确保各种交通方式换乘的便捷，并提供与周边设施的无缝衔接。减少小汽车车位供应，引导乘客采用轨道交通出行。对站点周边土地进行高密度的综合上盖开发。形成能城市形象、与分担中心功能的城市主风格相匹配的物质景观

续表

枢纽分类	功能	土地开发建议
片区综合交通枢纽	位于城市各级商业、商务、娱乐、服务中心区的站点	具有引导核心区城市功能转移的作用，应加强办公和商业开发，可开发高品质商业功能，宜配置酒店、公寓、休闲、娱乐、饮食等多样化业态，以保持片区的地区活力。对站点周边土地进行高密度的上盖开发。提供更多功能设施及混合用地，完善其综合商业服务功能，应加强公交等交通衔接设施配套，促进各种公共交通方式衔接。保证轨道交通车站与邻近商业、娱乐等建筑及公交设施的便捷联系，建立舒适、完善的步行系统。在用地条件许可的情况下，设置下沉式城市广场，通过绿色开敞空间合理组织轨道交通站点、社会停车场、公交站点之间的交通联系。形成与城市次级中心功能主题相匹配的物质景观
一般交通枢纽	位于如行政中心、科教中心、体育中心、大型医院、学校、影剧院、旅游区等其他活动中心	完善相应的配套服务设施，提供适度的商业休闲设施。注重站点周边优美、个性景观环境的创造，以及公共空间、步行空间的提供，营造浓浓的文化、休闲氛围，表现城市的特殊风貌。道路空间满足各种交通方式的出行，确保与不同等级公交设施的接驳，以满足大人流的集散
城市普通轨道交通站点	主要是指以服务于社区功能为主的站点，位于居住区或社区商业中心	配置适度规模的商业服务等设施以及为社区服务的公园或公共空间，用地注重支持多种功能的使用，提供更多就业岗位。一般公建服务设施应围绕地铁站设置，在其外围布置住宅用地，道路用地和公共绿地的布局结合公建用地和住宅用地，营造舒适、充满情趣的空间环境。居住类型呈现多样化，本着实用方便的原则，轨道交通车站出入口与居住区主要人流出行通道及公交设施相对应，建立完善、优美的步行系统。对站点周边土地进行中、高密度的以居住和配套性服务设施为主的开发

分区控制策略原则建议　　表 4–16

土地开发特征	原则策略
新开发区	注重调整用地功能、提高土地开发强度、优先布局城市功能设施。合理组织轨道站点周边用地空间布局与密度分配，能较好地服务于轨道交通系统。形成轨道枢纽两侧各 500 米范围内，以高密度开发的多功能、混合用地（如居住、商业、办公等）为主，向外围密度逐渐降低，并向人流量少的用地性质过渡；各类公共交通接驳良好的新型 TOD 城区
已建成区	土地开发应以用地整合及综合改造为主，充分考虑现状，适度调整用地功能与开发强度，开发强度保持与现状控制指标适度平衡，用地控制主要侧重于土地功能的置换，提高土地使用价值。对轨道站点周边 500 米范围进行用地功能和开发密度的优化调整，协调好改造地区与保留地区的关系、并完善与公交、步行系统的接驳设施，逐步形成服务于轨道交通系统的 TOD 模式

② 用地性质

用地性质的选择应该适应轨道交通的特点，站点周边以商务办公、商业、和居住等用地为主。倡导功能的混合使用，对办公、商业服务、会展、文化娱乐、酒店公寓等不同公共功能的用地进行统筹安排与规划布局。商业、居住、办公等功能布置在公交站点的步行服务范围内。站点周边的工业、仓储用地迁出。不同性质的建筑和用地在水平方向和垂直方向上实现功能混合。

土地性质调整和控制应分层次分重点进行，对不同级别的站点适宜布局的用地功能进行梳理（表 4-17）；在规划中以站点用地功能定位为指导，具体操作时依据城市土地利用规划，针对地块位置、车站性质和规模、客流换乘量等因素综合考虑。

不同站点周边适宜开发用地的类型　　表 4–17

枢纽分级	适宜开发的用地类型
城市对外综合交通枢纽地区	200 米核心范围内以保障客流疏散广场、交通换乘设施、配套服务设施等交通设施功能为主。适合开发 24 小时旅店、综合商业、饮食和文化等；枢纽 200 米范围内不宜开发办公和居住用地
城市综合交通枢纽地区	宜开发金融商贸、综合商业、旅馆、娱乐、餐饮等商业业态
片区综合交通枢纽地区	应加强商务办公和商业开发，如零售商业、商务办公（针对本区域的产业特色）、金融保险、文化传媒、公寓、生活服务设施；可开发商业功能，宜配置酒店、公寓、休闲、娱乐、饮食等多样化业态
一般综合交通枢纽地区	结合服务对象特点（行政中心、科教中心、体育中心、大型医院、学校、影剧院、旅游区等其他活动中心）进行用地开发，混合居住用地
城市普通站	用地开发以居住、生活配套服务设施（小型超市、便利店、市场、体育活动场地等）为主。应加强居住用地开发强度，兼有一定的商业开发满足乘客需求，以休闲、娱乐饮食等业态为主

③用地布局

在站点核心区布局中以商业、办公等用地为主，核心区以外的影响区以居住和配套生活服务设施等用地为主。

站点周边 200 米范围内鼓励开发集商业活动、餐饮娱乐、教育培训、休闲健身等活动为一体的大型综合体，形成多用途的核心商业区，使轨道站点成为一个多种功能的目的地，倡导不同功能用地的紧密结合和建筑物的混合使用。

随着车站所在区域层级地位的降低，商业与办公用地比例降低，而住宅比例升高。采用从车站中心向外依次为：商业—办公—住宅用地布局方式。需要注意商业、办公与住宅在车站步行距离圈内的混合。在城市综合交通枢纽地区、片区综合交通枢纽地区以及片区综合交通枢纽地区强调商业与办公的混合；在一般综合交通枢纽地区、城市普通站，要强调商业与住宅的混合。

④开发强度控制

站点周边开发建设强度控制采取容积率控制的方法进行引导。采取容积率非均衡分布策略，在城市各个区位以及单座车站周围空间分布上，容积率与土地价值总体上呈正比的关系。

具体规划方案地块的容积率应结合站点周边地区的城市区位和城市定位等因素综合考虑，由四周的用地性质、道路交通情况、轨道交通站点的规模、集疏客运量等共同确定。

a. 分类分区位控制原则

居住用地的容积率调整幅度不宜过大。尽管轨道交通对居住用地的吸引最强，但是居住用地的开发强度弹性却较小，根据不同城市的日照间距和居住建筑朝向的要求，居住用地的容积率值是有其合理范围的，上限值受到城市相关规划技术管理规定的约束。对于现状开发已较为成熟的地块，其开发强度要与周边地块适度平衡。位于中心区的居住地块在满足日照及相邻权的条件下适当提高开发强度。

商业办公用地开发强度的弹性较大，可以根据土地经济性的需要进行较大幅度的调整。土地开发成熟度较高的中心区内商务办公地块的开发强度原本已较高，受轨道交通的影响不如城区外围新开发地区显著，一般需要通过城市设计方案进行布局研究予以确定；城区外围新开发地区地块的开发强度与商务办公建筑的需求总量相关，总体上其开发强度应低于中心区。

无论是居住用地，还是商业办公用地，其开发强度上限应不高于当地的城乡规划管理技术规定的最大值；下限则不能低于城乡规划管理技术规定中的一般性通则。

近期开发充分尊重现状，远期开发趋于理想值。近期对开发强度的控制应充分考虑现状实际，主要针对可开发用地；远期开发强度则可按照理想状态予以控制。历史保护街区较多的城市，对建设强度的控制应充分考虑各类控制和保护内容，不得突破相关限高要求。

b. 站点周边开发强度建议

站点影响区控制容积率下限以提升站点核心区用地开发强度，使更多的人口和活动集中在轨道交通站点周围，优化城市空间结构。建设强度根据站点区位依次减小。商业商务办公用地建设强度高于居住用地。

在综合考虑国内外开发建设经验类比基础上给出站点周边开发强度下限建议见表 4-18，开发强度上限应参考各地的城乡规划管理技术规定。

站点周边开发强度建议参考表 **表 4–18**

交通枢纽分类	容积率控制下限（毛容积率）	
	平均	商业办公
城市对外综合交通枢纽	2.5 ~ 3.5	5.0 ~ 6.0
城市综合交通枢纽	3.5 ~ 4.0	5.0 ~ 6.0
片区综合交通枢纽	2.5 ~ 3.0	4.5 ~ 5.5
一般交通枢纽	2.0 ~ 2.5	3.5 ~ 4.5
轨道交通站点	2.0	3.0 ~ 4.5

具体开发强度方案各地应结合地方城乡规划管理技术规定，在对用地性质、地块区位、与轨道站点距离等因素进行交叉分类的基础上提出容积率的修正幅度，得出轨道站点周边地块容积率调整幅度的指导建议值。

（5）站点地区地下空间利用一体化

将轨道交通建设与周边用地地下开发结合起来，合理布局建筑综合体的地下空间和沿城市街道地下街廊，安排地下空间功能布局，形成商业、文化、停车库等多功能使用。比如地面商业建筑地下一层以商业为主，地下二层及以下以停车设施及设备用房等为主。地面办公和居住用地地下空间以机动车停车设施为主。

编制地下空间专项规划作为指导地下空间建设的直接依据，并通过实施性的详细规划落实。采取容积率奖励、地价优惠等方式鼓励站点核心区公共建筑和居住建筑开发地下空间，利用站点核心区绿地和广场等公共场所开发地下空间。

4.3.3 枢纽交通功能一体化

无缝衔接、零距离换乘是当前综合交通发展追求的目标，交通枢纽规划设计的好坏是影响交通运输系统效率的第一因素。各种交通方式应通过交通枢纽实现一体化换乘，从而最大程度地方便乘客，提高公共交通的分担率和服务水平，使综合交通枢纽成为环境温馨、方便舒适、有巨大吸引力的公共空间。

1. 轨道交通衔接设施一体化

城市轨道交通效益的发挥还有赖于其他交通设施的配套及步行广场、通道的合理设置，城市轨道交通与其他交通方式衔接非常重要。交通衔接用地是轨道交通与其他交通方式（常规公交、出租、社会车辆等交通方式）之间换乘所需的场地，在规划阶段预留合适的交通衔接用地，可统筹安排整个公共交通网络与各种交通方式间的合理衔接，做到轨道交通和城市交通紧密结合，并为各项综合交通枢纽专项规划的制定打下基础。规划要点如下：

（1）以公共交通为骨干网络，轨道线网为基础，围绕轨道车站合理布置各类不同级别的公共交通枢纽、一般公交站场、大型停车场等，确定适当的用地规模。

（2）市内、外大型交通枢纽，包括火车站、长途客运中心、机场等，轨道交通车站应以上述各类交通枢纽专项规划为主。车站布置应充分考虑与枢纽的人流集散广场、公交换乘场站、社会停车场等衔接的方便性，不再另行设置交通设施用地。

（3）优化综合交通枢纽接驳方式结构。对于铁路枢纽，考虑到春运等旅客聚集特性，接驳设施规模应留有余量，增加10%的弹性空间；轨道交通衔接比例不低于50%，地面常规公交按照20%～30%考虑。对于机场，轨道交通衔接比例应在25%～30%。

综合交通枢纽接驳方式结构建议一览表　　表4-19

方式划分	公路客运枢纽	铁路枢纽	机场
公交（机场巴士）	20%～30%	20%～30%	25%～30%
轨道	40%～50%	50%～60%	25%～30%
公共交通合计	60%～80%	70%～90%	50%～60%
出租车	10%～15%	10%～15%	25%～30%
小汽车	10%～15%	8%～10%	15%～20%
铁路	—	—	5%～10%
其他	<5%	<5%	5%～10%

（4）在市中心区以外地区的轨道交通首末站附近及外围组团的地区中心，应设置大型接驳站，考虑设置一定规模的公交站场和社会停车场，吸引城市外围的客流转乘轨道交通。

（5）公交场站的选址应尽可能贴近轨道交通车站出入口（建议50～100米以内），现有公交总站若靠近轨道交通线的予以保留，若与轨道交通换乘不方便的应予以调整；公交运营应围绕轨道交通车站进行交通组织。

（6）对于一般车站的公交换乘，应设置港湾式停车站，并尽可能靠近轨道交通车站出入口。

（7）城市中心区车站用地应尽量紧凑，通常只考虑停放自行车和摩托车。不设置小汽车停放地。小汽车停车场只在城市外围区车站周边布设，城市中心区严格限制。

（8）确定轨道交通站点周边公共交通、出租车、社会车辆和非机动车停车场交通设施的规模和选址，保障轨道交通与其他交通方式有效衔接。

（9）出入口的设置：

①站点出入口布置应充分考虑与周围公共建筑、城市过街设施的结合或连通，并统一规划、同步实施，对尚未实施而不能同步建设的必须预留通道和接口；

②轨道交通车站综合开发应优先考虑出入口、换乘通道及配套交通设施布置，确保车站交通功能，形成快速、便捷、安全的客流集散及换乘体系；

③临近地铁出入口的开发项目必须与地铁出口相连接，并将此作为获得建设许可的先决条件，促进人行通道建设的可持续性，改善与地铁的连接性，建议开发者可以获得相应的容积率奖励；

④轨道交通站点的出入口、风亭、冷却塔、配电等设施及配套附属用房，应优先结合周边在建项目统一设置，无法结合的可结合绿地、道路进行景观处理。

2. 站点地区道路网络规划一体化

（1）道路网络

按照小街廓、密路网的思路，尊重上位规划中的干道系统规划，完善路网功能和结构，构建客流通道与机动车通道相对分离的道路网络。以轨道站点为核心，结合公共空间和地下空间建设，架构支路网系统。尺度适宜的支路网系统，可以减少轨道交通乘客的步行距离，增加公共空间和商业空间，成为站点周边核心区相对于其他地区进行高强度开发的基础。支路网的完善，以轨道站点为核心，结合公共空间的构建和地下空间的建设进行。

（2）道路断面

步行和常规公交是轨道客流重要的集散方式，结合用地功能布局对客流通道进行识别，通过合理调整道路红线和断面分配，增加公共交通通行空间和步行空间，实现轨道交通与常规公交之间的相互支撑与协调发展。

3. 步行空间规划设计一体化

城市轨道交通站点重视不同交通方式的交通接驳设施通过人性化的步行空间进行连接。

（1）立体化

交通方式的换乘涉及城市不同平面空间的转换，步行空间因而往往结合地下、地面和周边建筑综合体进行一体化设计，其中包括过街天桥、屋顶平台、地下通道、手扶梯等等交通设施。

（2）生活性和景观性

对于人行空间的除了交通性要求，还有很强的景观性和商业化处理。包括空间的尺度，特色的交通设施，趣味的标识系统。另外针对步行空间商业需求较高的情况，对各类交通空间的附属空间常做商业化处理，不仅使这些空间产生生活趣味性，同时提高了商业价值。

（3）导向性强

通过对人行空间的变化处理和特殊的引导设施对人流进行引导和疏散。

4. 换乘服务信息一体化

建立枢纽共享的交通信息平台，涵盖铁路（或机场）、地铁、地面公交、出租车、停车场等各种交通方式的班次信息、状态信息、道路交通信息，同时对收集的信息进行处理和存储。

（1）服务于旅客集散，实现与外界相关系统（例如交警的道路监控系统、地方交通信息系统等）的信息互联、汇集、处理、交换和转发工作，通过旅客信息发布系统，向枢纽内旅客提供各类信息的服务。

（2）服务于应急救灾。由于信息平台能够对枢纽内交通运行状态、环境状况及设备的运行状态实现监视，在紧急情况下，可根据应急预案，向各交通方式发出协调指令，辅助抢修和救援等工作。

5. 一体化票务体系

（1）建立多样化的票制体系，如多样化的月票，公交 - 地铁联票等，研究票制体系中各种利益群体中的分配，建立合理比价关系的公交票制。

（2）采用通用车票、一卡通等形式，实现多种公共交通方式之间的票制一体化。

（3）建立面向乘客的票价优惠制度和面向公共交通企业的补贴补偿制度，加强补贴，实现政府购买公共交通。

（4）结合轨道交通、快速公共交通发展以及常规公共交通网络优化，推行票价优惠政策，实行多乘优惠、换乘优惠和特殊人群优惠，逐步建立灵活多样的客运交通票制票价体系。根据不同乘客需求，逐步理顺轨道交通、公共汽车、出租车的票价结构，优化建立各种客运交通方式之间的合理比价关系，保持适度竞争，实现优势互补。

4.3.4 枢纽建筑与景观一体化[5]

轨道交通的建设将对城市的生态景观和视觉景观产生影响。当线路采用地面线（含过渡段）时，线路对两侧功能地块产生分割，不仅破坏了城市生态景观的完整性，而且阻碍了两侧功能块间的人流、物流和信息流，对城市生态景观影响巨大。若地下线路的风亭、出入口等与周边建筑处理不当，将产生破碎感；高架在尺度和体积上较大，对城市的视觉景观影响较大。因此各地在做好站点交通接驳设施规划的同时应重视站区城市景观的营造。

1. 探索自然环境

由于自然环境条件包括气候条件、地形地貌、环境资源等因素，因此在与自然环境条件互动中也包含着多样的内容：如对气候特点的顺应，对地形与地貌的回应，对环境景观的因借等。

图 4-23　三亚火车站

图片来源：http：//image.baidu.com/

（1）对气候特点的顺应

气候特点是影响建筑形态生成的重要因素，根据不同的地域气候采用行之有效的空间形态设计，不仅有助于塑造不同地区枢纽的建筑形象，也有助于客站与自然环境相适应和协调。如三亚火车站为了与热带海洋气候相适应，采用东西向坡屋顶造型，南北方向的屋面有深邃的出檐为整个建筑遮阳避雨，出檐长度和轮廓线随太阳角度的变化而改变，优美而不呆板，再配合浅色的金属屋面板（反射阳光减少热量积累）和立面的遮阳木百叶，热带度假胜地的浪漫气息扑面而来（图 4-23）。敦煌火车站从当地传统民居中继承了平屋面和“外实内虚”的形态特征来应对甘肃地区冬冷夏干、风沙大的气候特点。站房外墙设计以实体为主，主要空间集中布局，内设两处顶部采光的室内庭院，不仅丰富了室内空间，给旅客以视觉和心理舒适感，还具有自然采光，提供受风沙气候影响的较小的通风路径和冬季辅助集热等多种作用，体现了浓郁的西北特色。

（2）对地形与地貌的回应

因借所处基地的地形特点，加强建筑与地域自然环境特征的融合与对话，弱化自然环境中的人工痕迹，是将建筑锚固于特定地域空间中的有力方式。如法国瓦朗斯高速火车站地处开阔的平原地区，设计者选取了与场地协调的平面形式并将建筑主体深埋于地下，只有大厅和水平屋面平缓的浮出地表，宛若天然的大地作品，与远处的维克斯山脉遥相呼应（图 4-24）。深圳新客站设计充分利用自然高差，将轨道隐藏于绿化山水中，既把自然景观融于城市，同时又巧妙地解决了火车运行带来的噪音污染，从根本上避免了建筑对其所在城市自然风貌的消极影响和对原有植被的破坏。

图 4-24　法国瓦朗斯高速火车站

图片来源：http：//image.baidu.com/

相对于因形就势、被动适应的处理手法，日本建筑师原广司则更乐于通过对地形的主动模仿和创造来标榜建筑的地域属性。如在京都车站设计中他利用建筑要素在内部营建了一个仿佛山谷般的巨大空间来象征京都四面环山、中间凹陷的地理特征，借以强调地形对京都城市空间结构的决定性作用，给来往的旅客留下了深刻的印象（图 4-25）。

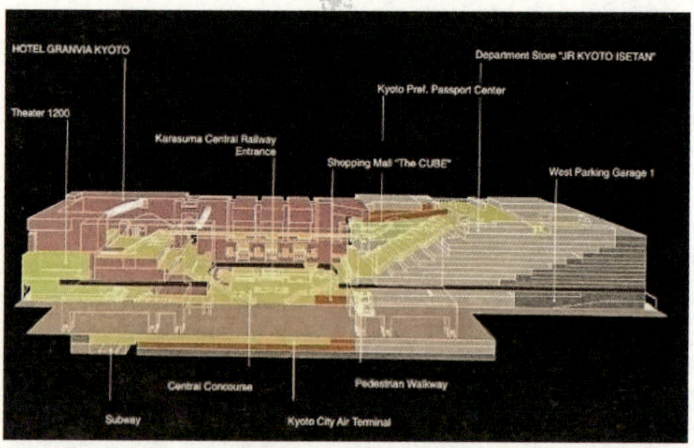

图 4-25　京都车站设计

图片来源：http://image.baidu.com/

（3）对环境景观的因借

将枢纽所处环境内自然景观的形态特征抽象出来，结合现代技术应用于建筑的外部形象创作之中，这种手法能够赋予建筑某种自然属性，使其在视觉效果上与周围环境相融合。JR 岩木花轮车站为了与美丽的自然环境和周围的生活气息相协调，建筑的高度被限制在 13 米以下，同时采用了儿童画般的蘑菇状屋顶与周围的山脚相融合，具有了很强的地域性特征（图 4-26）。扎哈·哈迪德事务所设计的罗德帕克车站位于奥地利的阿尔卑斯山区，设计者受冰川地貌的启发，把建筑物的形态塑造成冰状的流体匍匐于山体之上，使其悄无声息地融入自然之中（图 4-27）。卡拉特拉瓦在里斯本东方火车站的设计中借当地传统树种作为结构创新的母题，钢和玻璃的“棕榈树”密覆站台上空，展现了森林般的生命气息（图 4-28）。

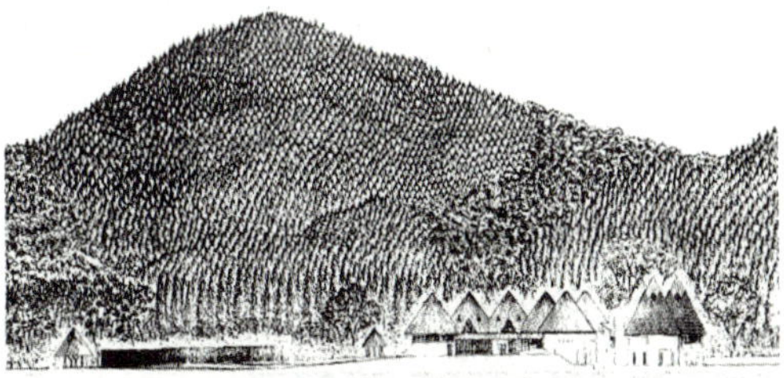

图 4-26　JR 岩木花轮车站

图片来源：http://image.baidu.com/

图 4-27　罗德帕克车站

图片来源：http://image.baidu.com/

图 4-28　东方火车站

图片来源：http://image.baidu.com/

2. 关注人文环境

对人文环境的关注，表现在借助现代科技手段，诠释地域文化精髓。具体手法包括对城市肌理的尊重和延续；对文化原型的再现与抽象以及对场所精神的隐喻和强化等。

（1）对城市机理的尊重和延续

城市肌理是历史长期浸润和积淀形成的，是地域空间特色的重要体现之一。在一些传统文化名城，枢纽的超常尺度往往与已有城市肌理形成对立，因此设计者应从建筑形态的构成出发，通过对建筑体量的处理和协调，尽量弱化建筑单体的自我表现，最大限度地维持周围环境的传统风貌。如苏州站扩建工程中，为了化解客站体量的突兀感，设计者采取化整为零的设计手法，选用菱形空间网架体系，把整体的大屋顶变成一片小屋顶的聚落，成功延续了苏州的传统城市肌理（图 4-29）。

图 4-29　苏州站扩建工程

图片来源：http://image.baidu.com/

（2）对文化原型的再现与抽象

地域传统建筑形象、结构和空间模式以及具有地域特色的文物等文化原型反映了当地人民的生活模式、环境心理、和审美倾向，具有一定的特殊性。将这种特殊性提取出来，再现于建筑形态之中，能够赋予枢纽强烈的地域文化色彩。这类再现，并非简单的模仿，而是将具有代表性和典型性的形象进行简化、抽象、分离和夸张，并借助新技术新材料，将这些元素根据当代枢纽的功能需要进行重组，形成新的建筑形象。例如西安北站的屋顶造型延续了唐佛光寺大殿庑殿顶的恢宏气势（图 4-30）；厦门西站暴露的索桁架结构屋面反映了闽南民居“燕尾脊”的韵味；南京南站屋面出檐下的木构列柱和柱顶“斗拱”则使人联想到古代皇家宫殿的精致华美。还有一些作品进一步摆脱了具象的模仿，用抽象的形体暗示地域文化内涵。如北京南站的整体造型源自天坛祈年殿的“三重檐”的建筑形式（图 4-31）；郑州东站的形体则

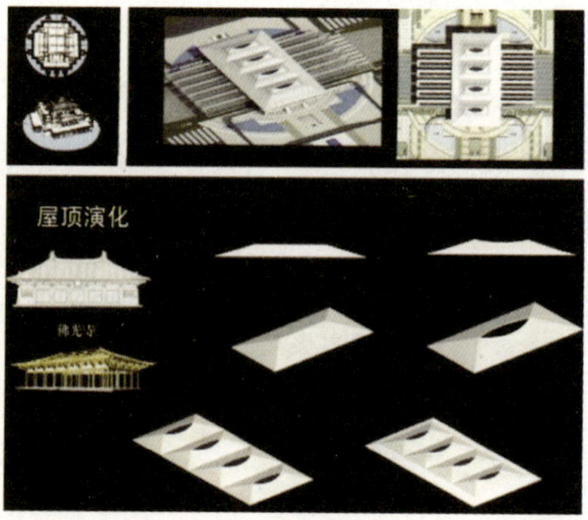

图 4-30　西安北站

图片来源：http://image.baidu.com/

包含有文物青铜器“鼎”和“双联壶”的原型。此外，运用当代空间艺术对古代建筑空间模式的形式、组织方式和秩序关系进行新的探求，也是文化传承的重要方法。如南京站的空间设计汲取了南京中华门特有的三重门式的多层次空间序列，组合三组具有重要功能作用的拔气天井，构成了富于节奏变化的独特空间体验（图 4-32）。

图 4-31　北京南站

图片来源：http://image.baidu.com/

图 4-32　南京南站

图片来源：http://image.baidu.com/

（3）对场所精神的隐喻和强化

“场所”既包含了物质的空间，又包含环境的氛围，即人的感受。“场所精神”可以理解为场所的特质，它决定了不同场所给人带来的不同感受。结合新结构和新材料，在建筑造型创作中融入对地域文化的隐喻，是强化场所精神的有效手段。武汉素有“白云黄鹤的故乡”的美誉，武汉站的屋顶造型以波浪状的巨大拱壳结构隐喻“黄鹤展翅”，通透的聚碳酸酯板屋面恰似舒展的羽毛，唤起人们对“黄鹤一去不复返，白云千载空悠悠”的空灵意境的追忆（图 4-33）。坐落在玄武湖畔的南京站则以“船”的寓意沟通与“湖”的内在联系，配合以天然竹材作为细部设计的建筑材料，成就了江南灵动秀美的优雅意境。色彩处理也是建筑形式特色的一个重要方面，它能体现民族特色、营造空间气氛，为建筑留下独特的场所印记。如苏州站黑白分明的青瓦粉墙，透出江南一带的山清水秀；呼和浩特站的“白色蒙古包”站房，使人联想起白云蓝天和一望无际的草原；青岛新客站醒目的德式红坡屋顶，则流露出浓郁的滨海城市风情。

图 4-33　武汉站

图片来源：http://image.baidu.com/

在设计实践过程中，由于基地环境的复杂性，上述手法往往不是独立使用，而是交叉融合，相辅相成的；并且这些手法也不是封闭的，而是动态扩展的。

4.4　交通系统运营管理的一体化

4.4.1　交通系统运营管理一体化主要内容

由于每种交通方式的功能和特点不同，只有形成各种交通方式科学配置、一体化运营的交通体系，才能有效发挥各种交通方式的优势，有效减少换乘次数和换乘时间，优先确保广大公众的交通利益，提高运输效益；以先进的信息技术为手段，实现资源共享和统一管理，实时诱导交通流量均衡分布；在为人们提供畅达、安全、舒适和清洁的交通服务的同时，促进交通与环境协调发展。

为了更好实现交通系统运营管理的一体化，需从交通系统整体运输效率、平均耗能、各种运输方式换乘方式等方面进行综合考虑。根据本课题特点，交通系统运营管理应从整合轨道交通与其他交通方式运营管理模式入手，建立以轨道交通为骨干，多种交通运输方式与之相搭配、快捷换乘、联合运营、统一管理的一体化交通运营系统。

在整体思路上，应提高各种公交方式与轨道交通运营的匹配程度及换乘效率，不断增强公共交通对市民的吸引力，不断完善综合运营管理机制，依托统一、协调和高效的管理，以法制和体制为保障，充分发挥政府、市场、公众的各种作用和组合优势，全面整合城市交通规划、建设、运营、管理和服务各个环节，以期实现一体化交通系统运营管理。

从4个方面来实现交通系统运营管理的一体化：

（1）运营时间一体化；

（2）票价票制一体化；

（3）信息服务一体化；

（4）运量配置一体化。

4.4.2 运营时间一体化——科学合理的运营时间

安排出合理的一体化运营时间的核心关键在于解决轨道交通之间的换乘、公交内部之间的换乘以及轨道交通与公交的换乘的连接问题上。确定出同步换乘线路的发车间隔，以及各线路车辆在换乘站点的到站和离站时间，从而制定合理有效的交通系统一体化运营时刻表。

（1）在满足客运需求及系统总成本限制的条件下，轨道交通与常规公交应实现不同线路的同步换乘，这是在运营组织中实现运营协调的最佳方式。

（2）乘客换乘时间的长短主要由换乘候车时间决定。候车时间主要分两种情况：即由乘客到换乘站时，目标车辆还没有到站，乘客需要花费一定的时间等待以及乘客到达车站时，目标车辆刚刚离站，乘客需等待下班车辆的时间。减少乘客换乘时间，主要是尽量缩短乘客的换乘候车时间。对于上述情况，可以根据不同交通方式运营模式的规律，在运营计划中合理安排好不同方式尤其是轨道交通列车和公交车辆的协调调度，优化乘客换乘时间，提高快速公交与轨道交通的衔接效率，降低大多数人的候车时间。

（3）提高运营智能化，通过动态调度的协调进一步实现公共交通的有效协调。

在时刻表中，为不同线路的公共交通车辆设置合理的到达换乘站时间间隔和离站时间间隔，能够提高乘客换乘协调的概率。通过运营协调，可以降低乘客的换乘时间，实现一体化网络的总体最优化。

4.4.3 票价票制一体化——建立合理的票制票价体系

票制是指票价结构，主要包括公共交通的运营模式和与之对应的票制结构。票制票价体系应能体现不同人群、乘坐不同交通工具、在不同的出行时间，都有相应合理的价格，以及换乘时不产生过多的附加费用。应将轨道、BRT、常规公交、出租车、停车场等的票制票价整合在一个网络系统进行整体设计。进而达到削减高峰客流、降低换乘成本、公交客流吸引、提高公交服务水平及便利性等多个目的。票制是公交一体化的关键问题之一。建立合理的票制票价体系，具体措施如下：

1. 多样性优惠票制

采取多样化的优惠票制体系达到吸引公交客流的目的，例如多样化的日票、月票、年票、公交—地铁联票等，对公共交通方式中各种出行模式（轨道、BRT、常规公交）之间换乘采用优惠措施，并且在同一模式不同线路间换乘也采用优惠措施。研究票制体系中各种利益群体的收益分配，采取票价打折或限制使用次数等方式，建立面向乘客的票价优惠制度和面向公共交通企业的补贴补偿制度，建立具有合理比价关系的公交票制体系。

2. 一卡通票制

在多模式（轨道、公交、出租车、停车收费）间换乘时，实施适用于所有系统运营商和交通方式的IC互通卡来完成，实现多种公共交通方式之间的票制一体化。一方面提高费用支付的便利性，乘客减少了登车投币时的延误和找零的麻烦，还可享受到一定的折扣优惠。另一方面运营商推广电子结算，减少人力资源的消耗，降低运营成本。此外电子管理系统本身收集到大量出行样本，通过对这些样本数据统计分析可帮助规划、管理部门更好地了解出行规律，优化线网，同时也可帮助运营商分析出行特征，推出符合市场需求的新业务。

3. 里程差价票制

鼓励长距离出行采用大容量、快速的轨道交通方式出行，对于中短距离出行鼓励使用常规公交出行。可以通过里程差价票制引导居民合理选择，取代现有的单一票制。对于轨道交通线路在一定站距内采用较高的单一票制，超过该距离出行按里程加价，应随里程数增加加价比例逐渐降低。对于常规公交，短距离出行应以低票价运行，吸引居民在短距离出行时采取常规公交方式。

4. 错峰票制

对于不同出行时段利用价格杠杆引导市民出行，特别是引导旅游、购物人群避开高峰时段出行，起到填谷削峰的作用。

5. 收费优惠

要求减少公交乘客因换乘而增加的支出；与“停车＋换乘”配套的停车场地采取低廉的收费标准，甚至免费停放，以鼓励小汽车乘客换乘公交进入交通拥挤区域。

6. 建立轨道交通、地面公交的比价、分账系统

地铁与地面公交内部的统一和相互之间的协调体现在地铁与地面公交之间合理的比价、分账系统上，因此建立合理的轨道交通、地面公交的比价、分账系统是公交一体化的又一有力保障。可以从以下三个方面入手:（1）制定轨道交通、公交各系统之间的比价、分账标准及执行方法;（2）制定公交内部线路的比价、分账标准及执行方法;（3）建立独立的票务管理公司。

4.4.4 信息服务的一体化——多途径、全过程的信息服务

建立快捷、舒适、环保的城市交通服务是一体化交通服务的目标。在实现各种交通方式协调运输的同时，交通信息服务水平也应逐步提升。相应的信息化和智能化交通管理系统是现代交通运营管理的发展方向，它能最大限度地发挥交通系统网络的运行效益，保障交通安全、节约能源、保护环境，并大大提高交通服务水平。另外合理的运营时间、完善的线网构建和一票制的实现也都离不开准确的信息服务。

对出行者而言，出行涉及：出行目的、交通方式、出行路径、出行时刻的选择，而且这种选择在出发前和出行途中还将发生动态的变化，因此交通出行者为快捷而通畅地到达目的地，希望获得以下几方面的信息服务：

1. 出行前信息服务

通过多种有效的信息服务渠道，为乘客提供综合的信息服务，制定出行计划的关联信息，出行目的及目的地的信息，最佳交通方式和交通路径信息，以及适当的出发时刻。

2. 车内信息服务

利用车内LED电子显示屏、车载显示器等形式，通过车上的声音提示、图文显示使得乘客获得线路、到站、车辆换乘等相关信息以及交通、公益宣传、新闻等实时信息。

3. 站台信息服务

通过文字指示标志，提供途经站点和换乘引导信息，通过站台显示装置，实时接收显示与乘客出行相关的综合信息，为在出行过程中的乘客提供正在线路上运营的公交车的实时更新信息以及其他综合信息。

4. 枢纽站信息服务

通过无线通信、有线广播、乘客引导、发车显示、触摸屏查询等方式，为乘客提供多交通方式的综合换乘、综合服务信息等。

实现交通一体化重要的途径之一就是整合交通信息系统。一体化的交通信息系统，主要包括道路监控系统、道路信息采集和发布系统、泊车信息系统、出行诱导系统、公交营运调度和服务系统、物流服务系统等几个方面。系统要依靠交通监控、交通诱导、数据通信、计算机处理等一系列先进技术来实现，涉及各种系统、各种设备、设施之间的结构一体化、设计思想的一体化及各种技术之间的融合。

（1）各种交通方式采用统一的信号制式，实现区域内线路的联通联运，为网络化运营管理创造条件。

（2）统一的通信制式，以传递整个系统的信息、图像、文字及多媒体等公用信息，保障多线运行网络中的行车指挥、列车控制、牵引供电以及控制中心中系统监控的执行，保障维修人员、办公室工作人员，以及车辆段、车站、车库、隧道内的电话等基础网络系统的通信联络需要。

（3）指挥中心的运作办法将发生变化，除原有的若干个单线控制中心外，还将设置指挥中心，以调控各联网线路控制中心中的列车运行调度、电力监控、防灾、车站管理/旅客服务、票务管理/自动售检票、列车自动控制等。

（4）联通、联运后，在线路的连接站，将形成正线平面交叉。为确保行车的安全，需在连接处分别设置上行和下行的安全线，同时在该衔接站设置行车线路所，负责两条线路上列车过轨所需办理的行车闭塞，操纵联通信号和道岔，同时接受两相联线路控制中心的控制。

信息社会的城市交通必然将更广泛地采用信息技术，不仅为用户提供信息引导服务，而且为管理部门提供决策服务，为实施积极主动的交通管理创造条件。

4.4.5 运量配置一体化——合理匹配的运量配置

在多种交通方式并存的一体化交通格局下，必然存在各种交通方式之间的客流转换问题，因此，运量配置的一体化也是一体化交通系统运营管理的一个重要方面。

运量配置的一体化交通主要考虑的是各种交通方式之间运量如何匹配的问题。具体体现在常规公交与常规公交的运量配置、轨道交通与轨道交通的运量配置和常规公交与轨道交通之间的运量配置三个方面。其中常规公交与轨道交通之间的运量配置问题是研究的最主要方面。

轨道交通与常规公交进行运量匹配是指常规公交为轨道交通提供集疏客流服务时，应确保二者换乘客流量相匹配，能够及时疏散或集中换乘客流，以避免常规运力的不足和过剩。运量匹配作为轨道交通与常规公交一体化衔接的重要方面，其匹配程度直接影响着整个交通系统的衔接的协调性和通畅性。

1. 完善的交通线网布局

完善的交通线网布局是运量配置一体化的基础，只有建立起结构合理、功能完善、覆盖面广的交通网络体系。运量配置的均衡性措施才会更好地在此基础上得以体现。

完善的交通线网结构是由城市道路网络、轨道交通网络、公共交通线网三部分构成。在优化交通线网过程中，应取消重合段过长的地面常规公共交通线路，增开轨道交通和以往公交线路未辐射的区域，不留新的公交服务空白区，不仅能覆盖更多的区域，还使得各运输方式间的运能配置有明确的分工与配合，合理平衡地提高公共交通的运行效率、运行质量。构建起以大、中型运能的快速轨道交通为骨干，以地面常规公交为主体，其他交通方式为补充的结构合理、运量与需求相匹配的一体化公共交通网络。

2. 合理的车辆配置

在居民出行过程中，公共交通客流的换乘具有同步性，需要公共交通客运设备的运输通行能力能够相互匹配，保证实现一体化换乘的高效性和畅通性。由于需满足高峰时段的客流量，一般车辆的配置需要等于或大于通行能力 。

根据高峰时段客流的客运需求、车辆的定员人数、满载率等因素，制定满足运能的轨道交通与常规公交的配车数，使得常规公交应提供足够的公交车辆确保在客流高峰时段运输能力与轨道交通换乘客流量匹配。在客流较少的地方，相应的减少运力配置，避免过多车辆造成的浪费，

同时车辆的车型也要根据客流量合理地配置。对于客流量较大的线路，宜选用大型客车。如果客流量分散，可视情况选用中型或小型客车。

3. 优化发车频率

在使用公共交通工具换乘过程中，存在着一定的换乘延误时间，为了将乘客换乘延误时间缩减为最短，可以通过优化发车频率，以保证乘客换乘的便利性和运量的相互匹配。

通过对以往客流量进行分析，总结出相应的客流分布规律，从而优化建立起公共交通调度系统以及联合编制轨道交通的运营时刻表与常规公交的衔接时刻表。

同时利用先进的分析处理系统，及时的优化发车频率，确保各种运输方式运量配置的一体化。通过在客流量高峰时段通过合理的调度，优化发车频率，增加发车班次，缩短发车间隔，调集应急车辆等措施，满足客运需求。在客流量较少的时期，则采取相反的措施，以保证运量与客运量始终匹配，达到供需平衡。

参考文献

[1] 祝明霞 . 城市土地利用与城市交通研究 [D]. 武汉：华中科技大学，2003.

[2] 陆化普 . 城市交通规划与管理 [M]. 北京：中国城市出版社，2012.

[3] 陆化普，张永波 . 绿色交通系统评价指标与规划设计要点研究 [J]. 建设科技，2012（14）.

[4] 陆化普 . 城市交通规划与管理 [M]. 北京：中国城市出版社，2012.

[5] 王晶，曾坚 . 地域性理念在当代铁路客站形态创作中的表达 [J]. 城市空间设计，2009（6）.

第五章
绿色智能人文一体化交通评价体系

绿色智能人文一体化交通评价体系是绿色智能人文一体化交通方案制定和方案优化决策的依据，也是该系统发展的引导体系。

根据理论研究和实践经验，综合国内外若干城市案例，着眼“生态城市绿色交通”的发展方向，以推动绿色、智能、人文一体化交通健康发展为目标，本章提出绿色智能人文一体化交通的主要评价指标如下。

5.1 指标体系

指标体系包括绿色交通、智能交通、人文交通、一体化交通四大类，共 24 项指标（见表 5-1 ～表 5-4）。

绿色交通类指标 表 5–1

指标类型	指标名称	指标要求	说明
绿色交通体系	绿色交通分担率（步行 + 自行车 + 公共交通）	不小于 85%	全出行方式中绿色交通所占比例；绿色交通系统的交通结构追求的目标是短距离出行以步行、自行车为主；长距离出行以公共交通为主。该指标是最核心的指标，是成果性指标
	公共交通站点覆盖率	建成区 300 米半径覆盖率不小于 70%；500 米半径覆盖率不小于 90%	直接影响可达性，即公交利用者的方便程度，是衡量服务水平的重要指标之一
	干线公交专用道与港湾式站点设置率	100%	有限的道路通行资源配置向公共交通倾斜，提高公交服务水平
	轨道交通站点公交接驳设施和停车换乘设施设置率	自行车停车设施设置率：100%；公共汽车换乘设施设置率：100%；停车设施根据需求特性设置必要的私家车停车换乘设施	在地铁、轻轨、BRT 站点周边提供公交接驳设施和自行车停车换乘设施以及必要的私家车停车换乘设施
	步行、自行车通行空间连续率	100%	为步行和自行车提供安全连续的通行空间
	私人小汽车分担率	小于 10%	绿色交通系统的交通结构必须是公共交通为主导、步行和自行车为主要辅助
	环保节能公交车辆占公交车总拥有量的比重	60%	推动清洁能源、节能汽车应用
	交通用能中可再生能源使用量 / 交通的总能源使用量	50%	交通能耗中可再生能源使用占总能源需求量的比例

智能交通类指标　　　　表 5-2

指标类型	指标名称	指标要求	说明
智能交通体系	交通信息采集水平	有服务于交通信号、交通诱导、交通流态势分析所需的信息采集系统	应建立完善的道路交通流信息采集系统，为信号控制、交通运行组织、交通态势分析和辅助决策等提供数据和信息依据
	动态分析与辅助决策能力	能根据动态交通流信息进行动态分析，为交通管理决策提供实时手段和科学方案	为交通组织、管理、相关决策提供支撑
	智能信号控制水平	交通信号协调控制率（建成区内采用协调控制方式的信号交叉口占所有信号交叉口的比例）大于 75%	应能实现点线面的实时信号控制，使交通延误最小、通行能力最大、安全畅通
	交通信息服务与诱导水平	交通诱导设施应能及时通过可变信息板、网站、广播、电视等多途径向交通参与者发布多种形式实时的交通信息，误差小于 15%	利用各种诱导手段对交通参与者提供交通流状况及停车信息，科学组织和诱导交通，有效均衡道路网上的交通需求
	交通枢纽的智能化水平	交通信息服务（多方式、多途径、多类型、全过程）一体化； 交通信息系统高度整合； 提供充分信息支撑实现不同交通方式的无缝衔接、零距离换乘	支撑实现交通枢纽与周边土地一体化开发；不同交通方式的无缝衔接、零距离换乘，为交通出行者的交通方式选择提供实时、充分的信息服务
	公交智能化水平	建立公交综合查询和信息服务系统； 建立智能化公共交通车辆运营调度系统； 公交干线在关键交叉口实现信号优先； 实时交通安全监控系统； 实时运营状态采集分析系统	保障公交系统的安全、高效运行；保障利用这充分的信息服务；为管理决策者提供充分的分析决策依据

人文交通类指标　　　　表 5-3

指标类型	指标名称	指标要求	说明
人文交通体系	主干道交通出行守法率	信号灯路口机动车出行守法率在 95% 以上； 信号灯路口非机动车出行守法率在 85% 以上； 信号灯路口行人出行守法率在 80% 以上； 两侧支路路口遵守让行标志、标线的机动车比例在 70% 以上； 在人行横道前按规定让行的机动车比例在 70% 以上	建成区主干道上机动车、非机动车、行人守法出行的情况，以及机动车遵守停车、减速让行标志标线和在人行横道前按规定让行的比例
	严重交通违法行为导致事故比例	不大于 5%	全市因无证驾驶、酒后驾驶、超速行驶等严重违法行为导致交通事故的比例
	人行横道前机动车对行人避让率	100%	保障行人安全顺畅过马路
	交通传承地域文化、交通发展保护历史遗产	交通系统应很好服务于城市文化、历史文化街区； 交通系统体现城市文化特色	使交通文化成为良好城市文化的组成部分，使交通系统成为有生机活力城市的引擎和保障

续表

指标类型	指标名称	指标要求	说明
人文交通体系	交通设施设计以人为本	交通无障碍设施连续安全； 6车道（含）以上地面过街全部设置过街安全岛； 精细化、体现人文关怀、保障行人和自行车安全、连续、舒适的交通设计	交通设施要以体现以人为本、体现人文关怀
	交通文化氛围	中小学生交通法规和交通安全常识、交通文化普及率100%； 全社会包括农村地区良好交通文化氛围逐步形成	以形成良好交通文化为目标，以培育交通出行者的健康交通行为为途径，使交通文化成为良好城市文化的组成部分

一体化交通类指标 表5-4

指标类型	指标名称	指标要求	说明
一体化交通	交通系统与土地使用的一体化（区域层面）	交通系统与城市结构、城市规模的匹配；交通系统与土地使用性质、强度的匹配；综合交通枢纽建设与周边土地的一体化规划	解决基于土地使用的交通需求不超过交通系统的承载力极限、交通系统有效支撑城市空间的发展战略和用地模式问题
	交通方式间的一体化（通道层面）	支撑城市交通发展的方向：绿色交通为主导；支撑组团间交通需求的交通方式的合作与合理分工；支撑组团内交通需求的合理交通方式结构	解决多种交通方式分工合作，避免重复投资和决策失误、避免恶性竞争和资源利用率低下，实现针对不同交通需求特性确立不同主导交通方式的目的
	交通枢纽的一体化（节点层面）	交通枢纽与周边土地一体化开发；不同交通方式的无缝衔接、零距离换乘；建筑物成为城市公共空间、城市特色	交通枢纽的一体化是一体化的关键环节和核心载体，因为交通枢纽一体化既要解决与周边土地使用的一体化问题，也要解决不同交通方式的无缝衔接，零距离换乘问题
	机制体制的一体化（管理层面）	运营时间一体化；票价票制一体化；信息服务一体化；运量配置一体化	交通系统是一个复杂巨系统工程，涉及多个部门、多个学科、多个环节，因此需要建立实现一体化的协调保障机制

5.2 评价指标的确定与计算方法

5.2.1 绿色交通类指标确定与计算方法

（1）绿色交通分担率（步行＋自行车＋公共交通）

在近年城市居民出行方式（全方式）中，选择步行、自行车、公共交通（包括公共汽电车、轨道交通）的出行量占总出行量的比例，该项指标可根据调查资料确定。

（2）公共交通站点覆盖率

建成区内公共交通站点服务面积（以公共交通站点为圆心、以300米或500米为半径的圆形区域，相交部分不得重复计算）占建成区面积的比例。

（3）干线公交专用道与港湾式站点设置率

公共交通专用车道设置率为公共交通专用车道（单向）长度之和除以应设主干道长度的两倍，港湾式站点设置率是指港湾式停靠站点占所有公交站点的比例。

（4）轨道交通站点公交接驳设施和停车换乘设施设置率

确定所有站点设置自行车、公共汽车换乘设施的比例，以及城区外围和重要换乘枢纽设置必要的私家车停车换乘设施的情况。

（5）步行、自行车通行空间连续率

在城市建成区核心区主次支路道路两侧设置连续步行道、自行车道的比例。

（6）私人小汽车分担率

在近年城市居民出行方式中，选择私人小汽车的出行量占总出行量的比例，可根据调查资料确绿色交通分担率。

（7）环保节能公交车辆占公交车总拥有量的比重

根据公交部门提供的环保节能公交车数量进行计算。

（8）交通用能中可再生能源使用量/交通的总能源使用量

根据交通、环保部门提供的数据进行计算。

5.2.2 智能交通类指标确定与计算方法

（1）交通信息采集水平

是否有服务于不同系统的信息采集手段，包括服务于交通信号、交通诱导、交通流态势分析所需的信息采集系统。

（2）动态分析与辅助决策能力

是否能根据动态交通流信息进行动态分析，为交通管理决策提供实时决策手段和科学方案。

（3）智能信号控制水平

交叉口信号控制的智能化水平，可根据交管部门要求提供的建成区信号交叉口数量、信号交叉口协调控制方式、分布图等相关统计资料进行核算。

（4）交通信息服务与诱导水平

根据提供的交通诱导设施布局位置、信息发布方式、信息发布内容的相关说明进行核算。

（5）交通枢纽的智能化水平

根据交通相关部门提供的资料对指标的三大项要求进行核算，均满足才算达到该指标要求。

（6）公交智能化水平

根据公交相关部门提供的资料或结合实地考察对指标的五大项要求进行核算，均满足才算达到该指标要求。

5.2.3 人文交通类指标确定与计算方法

（1）主干道交通出行守法率

通过调查进行指标确定。选取两条主干道的交叉口处进行，分别选取高峰、平峰两个时段，记录一条严管街（文明示范街）和至少一条主干道上各两个路口机动车数和机动车违法行为、非机动车数和非机动车违法行为、行人数和行人违法行为，记录主干道相交支路路口上通过让行标志标线的车辆和不遵守规定的车辆数，以及主干道人行横道前按规定让行的车辆和不遵守规定的车辆数，每个路口记数时段为15分钟。

（2）严重交通违法行为导致事故比例

无证驾驶、酒后驾驶和超速行驶三种严重交通违法行为是导致城市重特大交通事故的重要成因，根据交管部门提供的该城市无证驾驶、酒后驾驶和超速行驶违法行为导致交通事故的数量和全市的交通事故总数，计算严重交通违法行为导致交通事故比例。

（3）人行横道前机动车对行人避让率

选取3处建成区干路、次路上无信号灯的地面人行过街设施，进行10分钟调查，记录当有行人在人行横道上走行时机动车减速或停车让行的数量和有行人时不必让的机动车数量，然后计算人行横道前机动车对行人避让率。

（4）交通传承地域文化、交通发展保护历史遗产

通过相关资料和实地考察确定交通与城市历史、城市文化是否传承、衔接的较好，采用专家法确定。

（5）交通设施设计以人为本

根据相关部门提供的资料或结合实地考察对指标的三大项要求进行核算，均满足才算达到该指标要求。

（6）交通文化氛围

通过相关资料和实地考察确定该指标是否满足。

5.2.4 一体化交通类指标确定与计算方法

（1）交通系统与土地使用的一体化（区域层面）

利用专家法，根据资料和实地考察，核查指标的三大项要求是否满足指标要求。

（2）交通方式间的一体化（通道层面）

利用专家法，根据资料和实地考察，核查指标的三大项要求是否满足指标要求。

（3）交通枢纽的一体化（节点层面）

利用专家法，根据资料和实地考察，核查指标的三大项要求是否满足指标要求。

（4）机制体制的一体化：一体化的前提和保障（管理层面）

利用专家法，根据资料和实地考察，核查指标的四大项要求是否满足指标要求。

第六章

绿色智能人文一体化交通的实施保障

第六章

[illegible]

所有交通设施都是公用设施，由政府或社会机构出资建设运营管理，良好的社会管理建设体制、机制、政策和技术规范是一体化交通顺利实施的保障。

体制与机制是较易混淆的一对词语。按照《辞海》的解释，“体制”是指国家机关、企事业单位在机制设置、领导隶属关系和管理权限划分等方面的体系、制度、方法、形式等的总称；“机制”原指机器的构造和运作原理，借指事物的内在工作方式，包括有关组成部分的相互关系以及各种变化的相互联系。

“机制”指的是有机体的构造、功能和相互关系，泛指一个工作系统的组织或部分之间相互作用的过程和方式，如：市场机制、竞争机制等。“体制”指的是国家机关、企业、事业单位等的组织制度。

本章的研究中，“体制”指的是有层级关系的国家机关、企事业单位之间的组织制度，“机制”是指交通系统建设互相作用的过程和方式。

研究从我国管理体制、建设机制、政策和技术规范存在的问题着手，分析国内现状和国外优秀案例，给出能够保障我国交通一体化建设的对策。

6.1 绿色智能人文一体化交通的体制保障

6.1.1 我国目前交通体制现状

1. 十八大以后我国各交通方式管理归属关系

我国交通建设体制方面，党的十八大以后，铁道部归入交通部，公路、铁路、水运、航空都划归交通部管理，在一定程度上加强了铁路和其他运输方式的协调和统一。但是从图 6-1 可以看出，我国交通建设体制仍然存在如下问题：

铁路隶属关系不同存在协调关系差的隐患：铁路交通方式分为国属和企业属两种，它们的技术标准按照原铁道部的建设标准执行，但投资和建设权属不同，还会出现技术配合不统一，管理权限不同的问题。

2. 我国主要城市交通管理体制

（1）北京交通管理体制

2003 年，为进一步建立集中统一的交通管理体制，强化交通对经济和

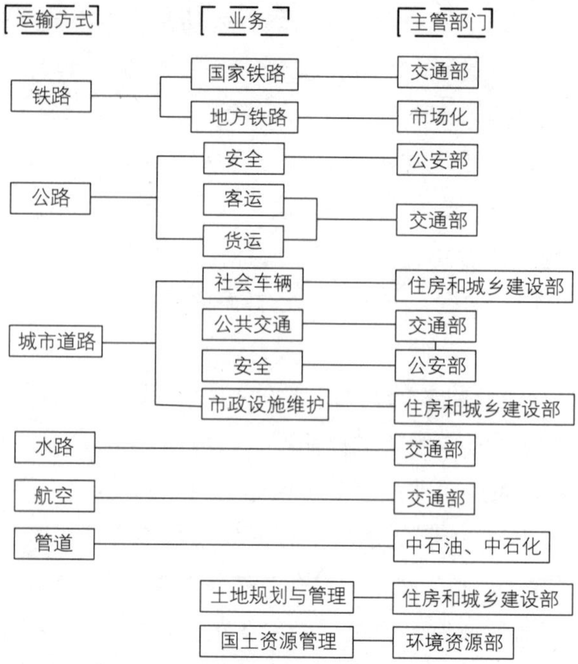

图 6-1　我国各交通方式归属关系

图片来源：笔者根据成都市委机构编制委员会办公室网站交通委网站 http：//www.cdswbb.gov.cn/jtyswyh/index.htm 内容绘制

社会发展的基础性保障作用，通过制度安排和规则设计，完善交通行政管理运行机制，消除政府组成部门间职责交叉、权责脱节、效率不高、政府机构设置不尽合理、行政运行不够健全等制约城市经济社会发展的因素，建立健全更为综合、更为完善、更为高效、更为畅顺的首都大交通行政管理体系，北京市委、市政府在市交通局的基础上调整组建北京市交通委员会。

北京市交通委员会由专职委员和兼职委员组成（图 6-2）。

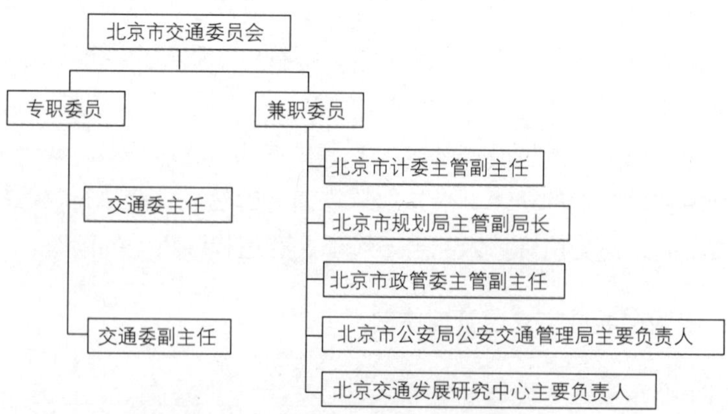

图 6-2　北京市交通委员会领导体制

图片来源：笔者绘制

通过这种委员会领导体制，北京市希望能够将原来分散在多个政府部门多头管理的各要素、各环节进行大综合，集成归口到交通主管部门统筹综合管理。北京市交通委员会的组织结构如图 6-3 所示。

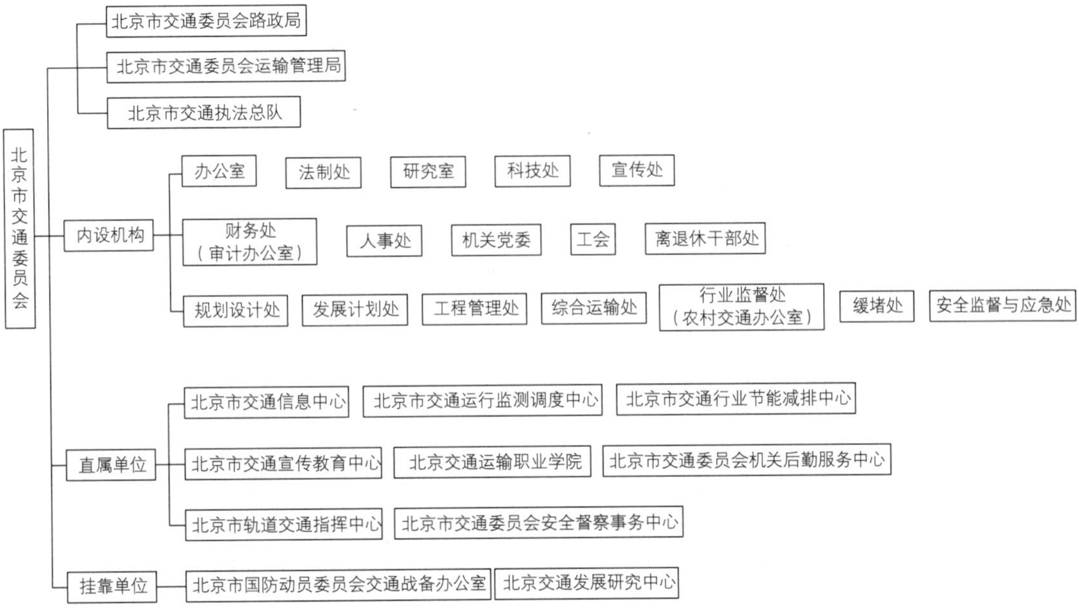

图 6-3　北京市交通委员会组织结构图

图片来源：笔者根据北京市交通委员会网站 www.bjjtw.gov.cn/jgzn/ 内容绘制

北京市交通委员会管理北京市路政局、北京市运输局、北京市交通执法总队，为“一委两局一队”的组织格局，其中“两局一队”是执行层，而交通委员会是决策层，对于公共交通进行管理的主要有市运管局下设的公共交通管理处和市路政局下设的轨道交通建设处。公共交通管理处的主要职责包括北京市公共交通运输的行业管理（含轨道交通、小公共汽车及市内长途客运）、公共交通运输市场的监督管理、起草公共交通行业营运的服务标准并组织实施、公交路线网的具体设置等。轨道建设处主要负责组织轨道交通工程的验收、轨道交通建设工程技术标准的监督管理和依法负责轨道交通建设工程质量的管理。北京市交通委员会的组建在一定程度上实现了提高行政效率、优化发展环境的目的。

（2）成都市交通管理体制

2006 年 1 月，根据四川省机构编制委员会《关于同意成都市组建交通委员会的批复》（川编发 [2005]49 号）精神，撤销成都市交通局，组建成都市交通委员会，挂成都市公共交通管理局牌子，成都市交通委员会组织结构见图 6-4。成都市交通委员会是主管成都市公路、水路、公共交通、出租汽车、城市轨道交通行业和交通运输综合协调的市政府工作部门，将实现统一的规划管理，从而改革成都市公交、长途客运管理职能分属不同部门的现象，对城乡交通一体化的实现起到很大的推动作用。

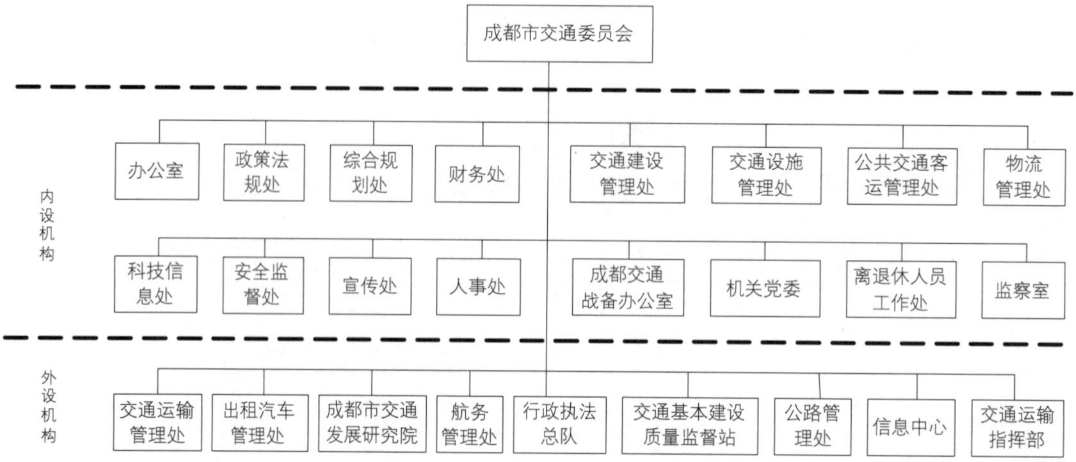

图 6-4　成都市交通委员会组织结构图

图片来源：笔者根据成都市委机构编制委员会办公室网站交通委网站 http：//www.cdswbb.gov.cn/jtyswyh/index.htm 内容绘制

（3）上海市交通管理体制

2009 年，上海市根据城乡建设和交通管理的需要，在上海市建设和交通委员会的基础之上组建了上海城乡建设和交通委员会，调整后的上海市城乡建设和交通委员会的主要职责包括：贯彻执行有关城乡建设、交通和管理的法律、法规、规章和方针、政策；根据本市国民经济和社会发展总体规划，研究拟订城乡建设、交通和管理的发展战略、中长期发展规划和年度计划，并指导实施；研究拟订市投资市政公用项目年度投资计划，指导拟订市、区县共同投资市政工程项目计划；组织城乡建设、交通和管理重大工程项目的前期论证和项目技术储备；负责建筑建材行业行政管理和行业管理；负责城市道路、公路、桥梁、隧道等市政设施安全运营管理等等。

上海市城乡建设和交通委员会兼具统一战略、统一规划、统一建设等职能，而交通部门则承担着公路、轨道等建设任务职责和出租、公交、轨道等行业管理职责，交警则主要承担执法、管理等职责。

（4）深圳市交通管理体制

深圳市成立深圳市交通运输委员会，实现了全市交通运输“政策—规划—设计—建设—运营—管理—服务—应急”一体化综合管理，从根本上确立了“一城一交”的大交通管理体制（图 6-5）。由规划部门负责的交通专项规划、城市道路立项职责；城管部门负责的城市道路养护管理职责；分散在市、区各部门、各层级的公共交通、轨道交通和城市道路建设管理职责；交警部门负责的道路交通设施管理职责等游离分散于大交通管理体制之外的职能全部整合划入市交通运输委员会。此次改革不但赋予了深圳市交通运输委员会管理涉及城市交通的道路、道路交通、枢纽场站、公共交通、附属设施等职权，还明确要求建立交通影响评估制度，实施交通需求管理；负责汇总、发布城市交通信息，分析、评估城市交通状况，制定和组织实施城市交通组织、管理和改善方案，并负责监督检查。

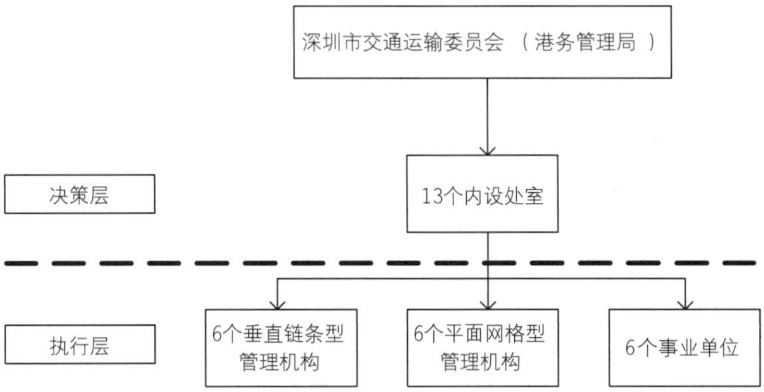

图 6-5　深圳市交通委员会组织架构图

图片来源：笔者根据深圳市交通运输委员会网站 http：//www.sztb.gov.cn/ 内容绘制

6.1.2　绿色智能人文一体化交通的制约条件

各地建立起来的统一集中的交通管理部门，为发展绿色智能人文一体化交通打下了良好的基础，但是由于传统的管理方式影响依然存在，改革后的交通管理体制在许多方面依然存在诸多制约绿色智能人文一体化交通实现的条件。

1. 交通部门与其他相关部门职能交叉、政出多门、相互扯皮问题依然存在

目前我国大部分城市新的交通管理体制实行的时间还不长，体制尚不成熟，而旧的行政管理体制影响尚未消除。当前政府职能的利益化已经成为一个根深蒂固的既成事实，部门利益集团具有非常强大的政治动员能力、相当稳固的权力基础。而正是由于职责往往与部门利益相挂钩，因此任何

一个部门都不愿意放弃现有的职责，都不愿意在交通运输行业一体化管理改革中“挨刀”。再由于受到原有行政管理体制的影响，公共政策往往受到多方利益的干扰，导致部门间协调困难，使需要多部门决策的事务决策缓慢、效率不高，一些经济调节与社会调控亟需的政策不能及时出台，导致错过进行经济社会调节的最佳时机。因此在进行交通运输行业一体化管理改革的过程中就必然会遇到重重阻力，这也是目前我国交通运输行业一体化管理改革必然要面临的考验和困难。

2. 交通部门与政府职能部门之间的协调能力尚待加强

各城市经过政府机构改革后实行交通运输行业一体化管理体制，但规划、交通执法、招标投标、招标投标、建设等存在与规划、交警、建设、环保等部门协调解决的问题。由于各职能部门之间相互独立，没有很好的协调机制，这就导致各部门工作之间缺乏衔接，不能形成整体的优势，严重影响了交通行业一体化管理整体效益的发挥。

如深圳市交通委员会虽然拥有了原属规划委的交通规划职能，但却没有土地审批权限，规划权与土地权仍然处于分离状态，这样使得交通规划无法良性诱导城市发展，反而使得城市发展制约了公共交通的发展。而北京市土地管理和城市规划权在北京市规划委员会，北京市道路交通运行的管理权在北京市公安交通管理局承担，这些部门如果不能协同工作，在道路规划建设过程中，仍然会出现规划用地和交通功能脱节的现象，交通枢纽的用地规模得不到保证，枢纽周边的用地性质和枢纽的功能得不到协调。

新加坡在对专业部门的职能进行一体化纵向整合的同时，在项目立项、空间统筹（土地利用）、资金统筹、环境控制等环节，由各综合部门的“一张图，一张表”对公共资源进行横向综合统筹，确保各行业发展与城市总体发展协调一致。例如，在空间控制（土地利用）这个层面上，将住宅、工业、交通放在一个平面上，综合统筹，资金统筹、环境控制方面都进行了类似的合作，确保了各行业间及各行业与城市发展的整体协调和统筹发展。

3. 交通系统内各部门之间的沟通协调尚待加强

长期以来，在公共交通行政管理条块之间、行政层级之间存在着较大程度的实权不清、关系不顺现象。而且个部门之间的互通信息少，如地面常规公交与地铁部门之间缺乏有效的沟通与协调，导致各部门在公共交通基础设施规划、审批、建设、运营管理等方面存在一些管理混乱的现象，各个管理部门不能有效地互相协调公共交通补贴、线网场站建设管理等诸多环节。有些交通基础设施即使规划合理获得审批，但在建设时也有可能因为资金不到位等问题而改动原来的规划方案，造成了一些遗留问题。

参考国外经验，英国是通过设置最高权力机关和信息管理委员会来推动不同分部及不同水平部门之间的协调合作。英国交通部内部专门设立了一个最高权力机关——中央委员会，负责制定整个交通发展战略和管理各个负责实现该战略的总署之间的关系。该委员会由8位委员组成，其中有5位委员分别是5个分部的总经理。通过中央委员会的定期会议和管理，从而建立了分部最高决策者之间的定期对话和交流工作机制。此外，英国交通部还下设一个信息管理委员会，建立对跨部门数据安全的更强聚焦和信息管理的广泛政策，并负责信息通信和技术设施，还有其他的数据保护和处理服务，通过信息管理委员会的设置，推动不同政策制定机构间的对话和信息交流。

而美国为了克服部门间互通情报少的信息缺陷，在交通部下设了一个专门的机构——信息官员主管办事处（office of the chief information officer）——以推动运输部下各机构之间的信息交流和对话。

4. 不同交通投资主体间技术衔接易出现问题

公路和城市道路投资主体和技术虽然相互衔接，技术体系相似，但分属于交通部和住房和城乡建设部，交通安全和管理属于公安部的交通管理部门。道路归交通部和地方政府建设，但交通标志归交管部门安装，甚至交通标志的基础归政府实施，标志固定架和版面归交管部门安装的情况也有。公路的技术标准参照原交通部技术体系，城市道路的设计标准参照住建部标准体系，城市规划区范围外为公路参照公路体系，城市规划区内参照城市道路标准的情况存在，于是城乡交界处出现道路建设不知道参考什么标准的情况，或者按公路建设的道路很快需要按城市道路标准改造的情况时有发生。

5. 交通管理体制缺乏法律保障

我国公共交通管理缺乏整体协调政策和有效的法律保障。以北京市为例，目前与北京市公共交通相关的政策法规除了《北京市道路交通管理规定》、《城市道路管理条例》等单一层面的管理条例外，还没有具体针对公共交通在制定政策、监督政策实施及咨询、执行管理和审批等层次上如何协调地面常规公交和轨道交通以及对各个相关部门在公共交通管理职责和权限上做明确的规定，从而导致各管理部门和企业各司其职，没有有效地互相协调。实现交通管理体制的法制化是国外主要城市交通管理的普遍经验，交通行政管理机构的设立及其职责权限均由相关法律法规予以明确限定，并对政府机构之间、地方政府之间的关系加以明确和规范，为行政机关执行交通运输管理职能提供了法律依据。交通管理体制改革一旦与原法律发生冲突，必须以法律的修改和完善为先导，一旦形成新的法律，交通管理体制就得到法律的保护。

6. 交通管理体制缺乏对绿色一体化交通的保障力度

以上城市的交通管理部门内部中均没有直接负责交通发展过程中环境保护的部门，缺乏一个实现交通与环境一体化发展的制度平台。与之前相比的进步是交通运输项目已经开展了项目环境影响评价，项目评价主体为环境保护部门。而交通部门与环境管理部门均围绕各自领域积累了丰富的专业知识和专业技能，却缺乏对对方管理知识的了解，因此国内缺乏交通规划和环境保护政策一体化的部门保障。

而英国交通部下属各分部都下设相应的与繁荣、环境和健康相关的机构。在国际运输网络和环境分部内，交通分析和经济处负责对社会环境的分析，航空处负责对航空安全和航空环境的保障，交通安全和意外事故处负责对陆地安全、海上和航空安全保障，环境和国际处则负责清洁燃料使用和国家环境政策制定及国际协调；在国家运输网络分部下设铁路技术处，确保铁路安全服务。另外，还有一个公路署，公路署的主要职能有提高道路安全，加强路网管理和信息化提高出行的可靠性及环境保护；在机动车和货运分部，驾驶员和车辆许可证署、车辆和运营者服务署、车辆标准署都承担了部分与环境、安全相关的职能。

7. 交通管理体制“以人为本”重视度不足

当前城市交通部门的设置主要以对车辆的管理为主，对自行车、行人等弱势群体的重视不足，当前交通规划实行的也是“人车分离”、“车为本”的思想。交通部门在城市交通发展战略制定上，城市发展以“1 小时交通圈”或“30 分钟交通圈”等来概括城市交通发展目标，衡量的标准是小汽车出行所需的时间，它没有全面考虑骑自行车者和行人的交通需求，为非机动车驾驶者规划相应基础设施，使各种交通参与者都能分享适当的空间。

而从美国运输部机构设置看，包括公民权利办事处（office of Civil rights）和弱小和劣势企业业务办事处（office of small and disadvantaged business utilization），这也充分反映了美国交通运输部对个人人权、弱小企业事务的扶持[1]。

而英国城市交通基础设施建设政策工具中包括交通参与者、公园和停车场等，这说明英国城市交通规划机构以人为本，关注非机动者的交通需求，重视向他们提供使用交通设施和服务的机会 。

8. 监督机制不健全

交通系统内部的监管机制不完善，其主要表现在交通管理部门既是政策的执行者，又是政策执行效果的监督者，缺乏有效的监督机制来保证其执法公正。

6.1.3　国内外交通体制经验

1. 英国交通管理体制

英国交通运输部与区域、地方政府和私有部门的合作伙伴一起为运输系统提供各种服务。英国交通部组织结构见图 6-6，其涵盖了道路交通、铁路运输、民用航空运输和航海运输的安全事务管理，在机构设置上实现了各种交通运输方式一体化发展的综合管理组织机构保障，既是四种运输方式技术上一体化的组织平台，同时也为交通规划和环保政策一体化提供了很好的制度保障。

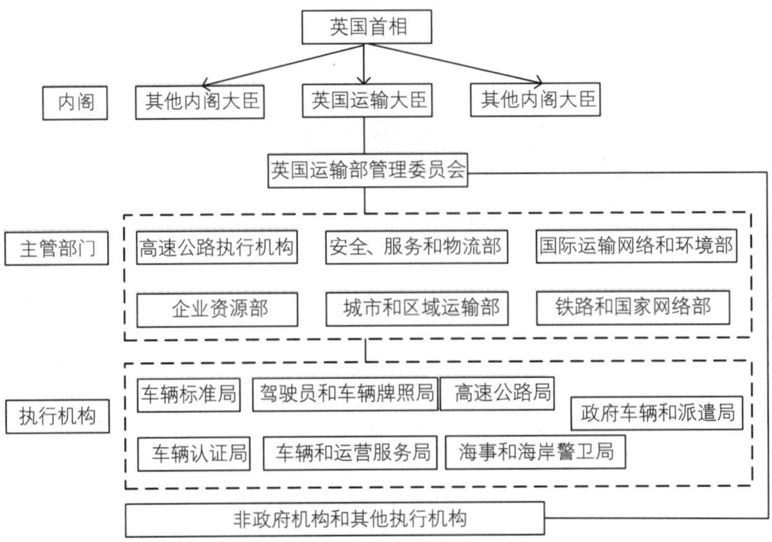

图 6-6　英国内阁及运输部组织机构图

图片来源：宋苏，杨雪英 . 英国交通行政管理体制概况 [J]. 综合运输 . 2008.（10）.

2. 美国交通管理体制

美国运输部下有 10 个部门，其中的 7 个管理局将公路、铁路、海运和航空四大运输方式管理的功能包括在内（见图 6-7、表 6-1）。

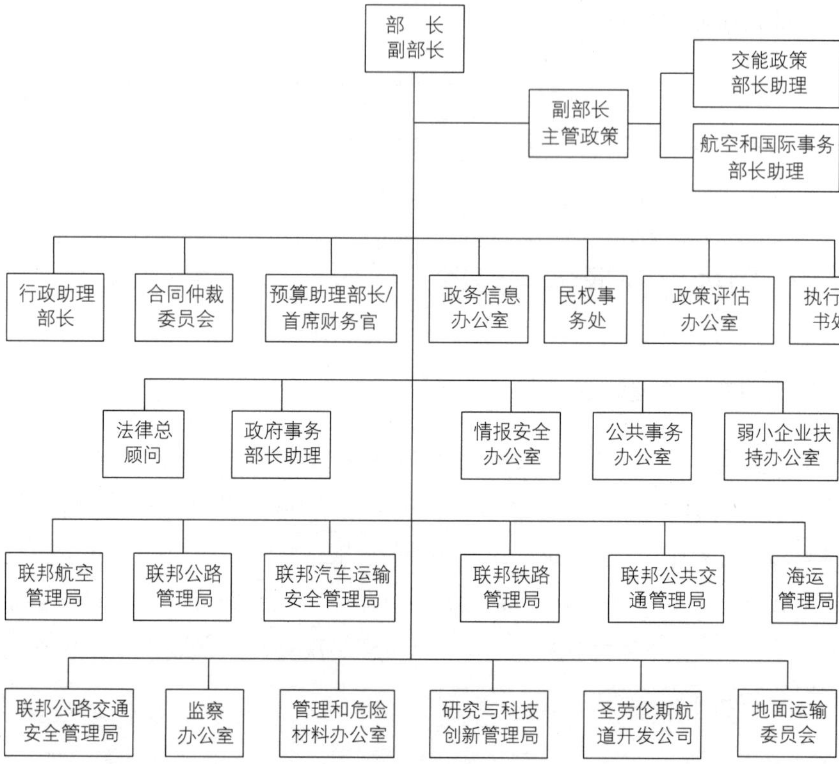

图 6-7　美国运输部组织结构图

图片来源：梁晓杰，尚文豪 . 美国的交通行政管理体制 [J]. 海外视窗 . 2008，（09）.

美国运输部各管理局职能　　表 6–1

管理局名称	职能
联邦航空管理局	负责对航空运输的管理
联邦公路管理局	负责对公路建设安全的管理
联邦汽车运输安全管理局	负责对汽车运输安全的管理
联邦公路交通安全管理局	负责对公路交通安全的管理
联邦铁路管理局	负责对联邦铁路运输的管理
联邦海运管理局	负责对水路运输的管理
联邦公共交通管理局	负责通过领导工作、技术援助和财政资源，支持高品质的公共交通

美国运输部许多组织机构都下设了环境保护的相关部门，反映了美国交通发展与环境发展相融的理念；美国交通部还专门设立了研究与科技创新管理局，其使命为研究美国交通运输系统中面临的机遇和挑战，寻求应对挑战的解决方法，专注于推动交通研究和创新技术的使用。

在对纽约市交通的管理过程中，纽约市运输局将城市交通管理融入整个城市管理体系之中，综合考虑城市交通对城市经济发展、市民就业和城市环境等产生的影响。纽约市运输局的职能实现了从交通规划、政策制定、建设投资和交通管理等职能的纵向整合，既考虑公共道路、街道、公路、桥梁和隧道的规划、建设和维护修理等基本交通管理职责，又从细微处着手，考虑纽约市残疾人士的交通出行和市民对违规交通行为的举报问题，注重“以人为本”和保障民众的交通权利。

3. 新加坡交通管理体制

1995 年以后，为了解决多头建设、多头管理、各部门目标冲突、效率低下的问题对交通发展的制约，适应交通发展的需要，新加坡对政府职能进行了大范围的改革与重组，成立了唯一一个陆路管理机构——新加坡陆路交通管理局，对陆路交通实行统一管理。

为了达到“系统最优、设计最好、运行最畅、效果最佳”的目标，通过建立专业部门的“一条线”管理，对交通系统内部从政策、规划、设计、投资、建设、管理、服务、应急等各个环节的职责进行一体化的纵向整合，陆路交通管理局负责交通规划、交通设计、交通建设、交通管理方面，其他部门则负责土地、住宅规划、设计、建设、管理等方面。通过整合，保证了交通行业纵向运行规律的专业性、完整性及交通决策、管理、运行的可持续性、科学性。与此同时，在空间规划、土地利用、环境控制等环节，各综合部门对公共资源进行横向统筹。新加坡的一体化交通管理体制实现了综合部门与专业部门各定其位、职能错开、各司其职、衔接顺畅，为打造世界级一体化绿色交通体系提供了制度保障。

4. 中国香港交通管理体制

香港建立了一体化的交通发展模式，其一体化程度不仅体现在交通系统内部的多种交通方式的一体化和交通规划、建设、管理、运营等各功能单元的一体化，更体现在交通与土地利用的一体化，将交通及房屋管理设置在一个部门，有力推动了香港交通管理的可持续性发展。香港的交通管理职能主要由运输及房屋局及其所属的运输署、路政署等部门承担，它们分别履行着决策统筹、执行与监管以及提供专业咨询等职能，建立了“决策—执行—咨询服务”相互分离又相互协调的行政体制构架，实现了交通管理职能的有效整合。运输及房屋局是香港特区政府统筹制定运输和房屋政策的决策机构，香港对外对内的交通政策，包括航空、航运、陆路及水上交通和物流发展，统一由运输及房屋局制订和发布。香港运输与房屋局是决策与统筹层，是制订陆路交通规划的唯一主体，对特区行政会议和行政长官负责，同时代表特区政府与立法会就陆路交通立法事宜进行对接。由一个决策局集中处理交通运输和房屋发展，可以从整体战略层面更加有效地巩固和加强香港作为亚洲首选运输及物流枢纽和国际航运中心的地位，使得政出多门的现象很难出现。

6.1.4 绿色智能人文一体化交通体制保障对策

（1）我国幅员辽阔、内陆深广，这点与美国有相似之处，因此在交通运输部管理组织机构的设置中可以参考美国的经验，在统一大部门体制下实施对公路、铁路、航空、水路四种运输方式进行分机构管理，即按照四大运输方式划分为四个最重要的司：公路司、水运司、航空司和铁路司。同时，学习英国组织结构中执行署的设立，考虑到中国公路运输和铁路运输在货运中的重要地位，建议在公路司和铁路司下设立若干不同的执行机构，执行机构由各分管司直接管理。另外，为一进步推进交通对国际贸易的服务作用，建议效仿英国做法，在航空司和水运司内部各增加一个负责国际航空环境服务和国际水运服务的相关机构，以负责国际航空运输和水路运输服务的协调。同时，根据中国交通技术发展的现实状况，建议设立一个多式联运委员会。

（2）为确保从国家层面推动交通与土地使用、环境利益和社会福利一体化理念的深化落实，建议在交通运输部下四个运输司（公路司、水运司、航空司和铁路司）内部都设立负责保障环境利益和社会安全的下属机构；以同一国家大部委的各个司作为交通政策、环境政策和社会福利公平、教育政策制定的实体承担单位，为实现交通与环境、交通与社会福利的一体化发展建立一个良好的制度平台。

（3）由于直线—参谋型组织机构存在部门之间互通情报少，不能集思广益地做出决策；各参谋部门和直线指挥部门之间的目标不统一、协调困难的缺陷，因此可以效仿英国交通运输部的中央委员会，设立我国交通运输部内部的一个高层委员会，负责制定整个交通发展战略和管理各个负责实现该战略的部门之间的关系。该委员会的委员由交通部下各个部门的最高领导组成，从而建立起各部门最高决策者之间的定期对话和交流工作机制。

（4）学习美国做法，在大部制下设立各分区办公室。由于我国幅员辽阔，根据我国城市客运和货运方式中铁路和公路运输占据明显主导地位的特点，建议国家交通运输部可以将我国境内划分为几个大区域，公路司和铁路司在每个区域内各设区域办事处，以确保中央交通管理部门对各行政区域交通管理部门的行业管理和指导作用。各区域办事处划分原则可以参照我国区域经济组织形式划分，例如苏沪浙可以划分为一个大区域，珠江三角洲也可以划分为一个大的交通管辖区域，通过区域办事处的设立，可以大力推进我国区域经济的可持续发展。

（5）为克服各个管理层之间信息沟通不畅的弊端，可以仿照英美两国，在交通运输部下设一个信息管理委员会，负责跨部门的信息通信和技术设施及其他数据的保护与处理工作，搭建不同运输方式运输数据的共享平台，推动交通信息与环境政策信息、社会福利政策和土地政策制定单位的信息互通平台和机制建设，以切实推动不同运输技术的互联发展和广义一体化交通发展。

（6）为了保障地方交通部门整个交通规划、建设、管理工作的有序开展、特别是及时解决重大交通问题，也需要在现有体制下，通过建立联席会议办公室制度，来实现平型组织框架之间的沟通协调，实现常态长效运作。期间，为了能够真正实现常态长效的运作模式，还需要搭建相关的信息平台和业务协同系统，通过 IT 技术的应用在提高协调效率的同时实现流程的固化。

（7）设立专门的一体化交通战略研究机构。可以学习美国和英国的做法，交通运输部专门设立一个国家一体化交通战略研究委员会。其使命旨在为国家政府提供一体化交通政策的独立建议，并监督交通、环境、健康和社会公平目标的协调发展状况。该委员会主要提供的政策建议可以包括：未来中国不同运输方式一体化发展战略建议，未来中国广义一体化交通战略构架，制定地方交通规划的指导守则，广义一体化交通实施过程中跨越部门界限和部门障碍实现不同部门政策一体化的制度保障，如何推动各地交通主管部门和交通服务提供者更好地改善服务质量，对欧美国家一体化政策进行比较研究，评价新技术对未来政策选择的影响，交通部指派的特殊任务等。一体化交通战略研究机构可以由国内外知名的交通规划专家组成，并建立与英国一体化交通委员会、美国研究与创新技术委员会等国外一体化交通研究机构定期交流的长效机制，集中国内外最优秀的智力资源，为我国一体化交通战略的设计和实践提供智力支持。

（8）为了提高执行效能、降低管理成本，宜在交通部下成立公安交通管理局，将地方交警支（大）队转由公安交通管理局直接管辖，这将有利于统筹整个交警力量，将警力资源的优势发挥至最大化。同时，在财政上特别在交通设施经费维护、交通智能化建设等方面给予优先支持。

（9）充分考虑到交通点多、面广、流动、分散的特点，将交通内部的征稽、路政、运政、航政等多个执法队伍归并为一个执法队伍，形成一个"四政合一"的行政执法和管理网络，同时要协调好和其他部门的关系，发挥交通公安的积极作用。同时要明确综合执法机构性质，解决后顾之忧。交通综合行政执法机构应为财政全额拨款的行政或事业单位，从而保障经费的来源，从根本上解决现行执法体制中存在的经费困难、管罚不分、执法不规范等诸多问题。

（10）各城市也应成立一个统一的交通运输主管部门，将同级政府内原有与交通主管部门平行设置的其他交通运输管理机构并入新组建的交通运输主管部门，统一负责与城市交通有关的所有事务，进一步的优化全市交通资源的配置，保证交通发展建设的速度以及效率，科学配置有限资源。

（11）组建非常设的监督组织

交通系统一体化改革后，交通部门所承担的相应责任也更多更重，因此也就更应加强对交通部门的监督。可以设立非常设的监督组织，由各类专家组成的咨询委员会、社会各界参加的行风评议和执法评议委员会等组成，定期对本市的交通管理和服务质量进行审查和评议。通过非常设的监督组织负责社会监督和咨询，以保障决策的民主性和科学性。

（12）着力转变政府职能，力求解决效率低下问题

通过深化行政审批制度改革，减少行政许可，逐步将公民、法人和交通行业组织能够自主解决、市场机制能够自行调节的事项转移出去，切实减少对企业和社会的直接干预。改革交通行业组织管理体制，理顺交通运输主管部门与行业组织的关系，创新行业组织运行机制，完善政策措施，加快扶持交通行业组织发展。

（13）省、市（地）、县（市）在交通管理上集权和分权问题应明确各自责任。集权和分权的原则依据应是以事权为中心，当事权在地方时，应当实行分权管理体制；当事权主要集中在省时，应当实行集权管理体制。处理问题的责任应该尽可能地交给最基础的政府。

（14）对跨行政区的城市群，要建立专门的协调城市交通发展的行政性机构，并拨有一定的交通研究经费，逐步使之形成依托（委托）专门咨

询机构完成对策研究，协调好城市之间的交通利益、交通建设行为，引导区域交通可持续发展。

6.2 绿色智能人文一体化交通的机制保障

6.2.1 法律法规保障

1. 确保法律规范全面执行

绿色智能人文一体化交通管理必须走上法制化的轨道，这是交通发展取得成功的根本条件，也是管理机制良性运转的保证。良好的交通体系背后，都有一个完备的法律体系在发挥着作用。

法规、规章特别要明确规定在构建绿色智能人文一体化交通中，各级政府及有关部门的规划、管理、监管、制定政策、宣传引导等责任；企业的设计、建设、施工、运营等责任；社会公众选择绿色交通、智能人文交通方式、参与社会监督等责任。明确如何履行责任，如何保证其履行责任，如果不履行责任所应承担的政治、经济、行政和法律后果，以及处理程序等。应使法规制度具体周密，系统配套，无缝隙可进，无漏洞可钻。并且任何交通参与者的行为都应受到相应法规的约束，管理者不能违法行政，哪个部门承担什么责任，发生交通纠纷该找哪个部门，部门间按照什么程序来处理，都应有明确规定。如果出现管理部门间权责不明的现象，公民应可以依据法律起诉责任人。

例如在旧金山市，按照相关交通法规规定，道路标志必须明确醒目，任何道路交叉口或道路转弯路口，都必须有标志，至少要有一个“STOP”标志，否则，车辆发生事故后，有权起诉相关道路管理部门。同时，为了鼓励居民公平享受公共交通服务，规定城区内的任何居民，如果走出家门步行到最近的公共汽车站超过 5 分钟，就有权要求公交公司就近增加站点，如果公交公司在一定时间内没有解决，居民可提出上诉。从这些方面看出，他们在立法和执法过程中，考虑的非常周到全，特别是执法非常严格，长此以往，形成了良好的遵纪守法氛围。

2. 制定相应法规保障交通与土地利用规划的一体化

城市交通是城市社会经济发展的命脉，而城市土地利用是一个城市规模布局合理与否的关键，不同的土地利用形态决定了不同的交通发生量和吸引量，土地使用规划将直接影响交通需求，甚至影响交通方式的选择，并且产生的交通需求带来的交通基础设施的改善必将反过来影响土地利用的强度和模式。

尽管中国已设立交通运输部，但由于当前的交通管理组织不具备土地利用和城市规划的职责，因此交通规划过程无法考虑交通基础设施改善之后对土地利用的影响，在城市发展中，城市交通规划仍属于城市规划的附属，缺乏交通发展和城市发展一体化协调规划理念。也缺少一部综合交通规划法来保障交通规划的严格执行。要实现交通与土地使用一体化，需要从城市总体规划、分区规划、城市综合交通规划几方面的协调关系制定相关法律，保障交通系统建设所必需的土地使用权的落实[2]。

6.2.2 政策保障

（1）完善相关鼓励引导政策，促进交通绿色智能人文一体化发展，完善绿色智能人文一体化交通相关鼓励引导政策，鼓励在交通设施建设过程中更加注重资源节约和环境保护，更加注重新技术的应用，更加注重“以人为本”。从根本上提高公共交通的吸引力，引导公众选择公交优先的绿色交通方式，从而使整个城市的交通发展向绿色智能人文一体化迈进。

（2）制定相应政策确保城乡公交一体化

在建设部发布的城建[2004]38号文件《关于优先发展城市公共交通的意见》中明确提出，将来我国的道路交通网络规划很大一部分重点是乡镇、郊区等偏远不发达地区的公共交通体系的建设，主要是提供大量的人力和经济政策，将城市中较为先进的公共交通体系和优质的服务理念带入到农村中去，推动城乡交通一体化切实可行的发展，同时也是我国公共交通发展中很重要的一部分。

城乡交通一体化，要求城市综合考虑规划区外的广大乡村和城市之间交通的联系方式，考虑城乡交通线路、接驳枢纽的设计等。因此要从政策上整合规划、建设、运营、管理和服务各个环节，以期充分发挥交通资源的使用效率。以法制为保障，充分发挥政府、市场、公众的各种作用和组合优势，对城乡交通的规划与计划、投资与建设、运营与控制、价格与收费等进行综合协调，不断维护与更新交通基础设施，为居民提供更多、更好的交通运输服务。

（3）制定相应政策促进交通与环境的一体化

城市交通要始终与社会、经济和环境保持互动。当城市突破常规进入特大规模时，交通发展与外部的关联将进入主动引导阶段，将交通体系与其功能作为先导加以研究和运用，使城市社会、经济、环境等一系列的发展政策与交通发展紧密结合，积极推动城市全面发展，构筑绿色交通空间。

（4）交通建设过程中同时考虑预期对环境、社会福利等的影响

我国城市道路的建设由各地政府负责，当城市道路规划完成，进入实施阶段，才进行环境保护评价，例如，当道路声环境评价不能通过时，也仅仅是路侧增加隔声屏障。相关研究表明，很多道路安装声屏障后也不能使道路噪音降低到合乎《声环境评价标准》。由于我国道路建设，只是强调道路的交通功能，甚至只是追求机动车的通行能力，并没有把环境、社会福利等“人”的感受纳入考虑范围，造成很多道路建设后两侧环境恶化，这也是造成我国实施绿色交通难的主要因素之一。因此要制定相应政策，保证交通建设过程中将环境、社会福利等影响考虑在内。

6.2.3 完善交通运输决策、执行、监督机制

决策部门应要充分发挥正常研究机构的作用，使政策研究机构在研究和分析工作中保持中性，为决策机关提供科学、客观的咨询意见；进一步结合我国交通发展的实际，将综合执法改革落到实处；有效推行行政问责制度，按照责权统一、依法有序、民主公开、客观公正的原则推行并进一步健全行政问责体系。

6.2.4 树立城市交通管理新观念

将单纯的交通管理变为管理与服务相结合。特别是要在管理中树立“以人为本”的意识，如利用媒体或公共场所发布绿色智能人文一体化交通方面的公益性广告、加强交通法规的社会宣传，制定法律规定交通规章出台以前必须广泛征求居民意见等等，将出行者由被动接受管理变为出行者主动接受管理。

6.2.5 进一步完善规划设计技术规范

（1）及时进行规范更新

随着社会经济不断发展，交通建设步伐也越来越快，中国城市交通状况发生巨大变化，很多方面的发展远远超过预期，因此许多早期规范已经不再适应当前的交通环境，亟需新版本规范的出台。

例如现行《城市道路交通规划设计规范》（GB50220-95）已经实施近20年，规范中许多条款都缺少了城市人口1000万人及以上的超级城市、300万～1000万人的特大城市的相应规范；公共交通车辆保养场地用地规模的规范也不再适合现在的情况等[3]。

（2）不断补充完善相关规范

在不同交通方式的设计规范中最初只考虑了各自专业范围内的技术规范，很少有涉及与其他交通方式间的衔接问题。如《地铁设计规范》（GB 50157-2003）、《高速铁路设计规范（试行）》（TB10621-2009）中均只考虑了地铁与高速铁路自身的技术规范要求，没有涉及枢纽换乘中如何与其他交通方式（如地面公交、自行车等）换乘方面的内容；《单轨交通设计规范》（征求意见稿）中也只有一句“车站的设置应与已有或规划中的公交枢纽具有良好换乘功能”，并没有详细规定与其他交通方式的衔接技术规范[4]。然而高速铁路枢纽站的客流疏散最需要的便是其与轨道交通、地面公交及自行车等能够换乘方便，并且随着绿色智能人文一体化交通的迅速发展，对各种交通方式之间无缝衔接的需求也会越来越迫切[5]。

目前城乡交通枢纽布局、城乡衔接路网布局、城乡结合部基础设施规模建设等也没有明确的技术标准和规范，建设技术标准和规范的缺乏给交通一体化的构建制造了困难，亟待解决。因此需要不断补充完善相关规范，弥补不同交通方式之间的衔接以及城乡交通一体化发展的相关规范漏洞。

此外，绿色智能人文一体化交通要求交通设施均衡地为各交通参与者服务，提供舒适和谐的交通环境。我国目前的道路规范大多是为了不断满足日益增长的机动车辆的出行需要，缺乏鼓励行人、非机动车发展的相关道路规范；为保障行人与非机动车的出行需要，可增加例如在何种规模的客运枢纽或交通集散点设置何种规模的非机动车停车场以保证非机动车出行利益等的相关规范。

（3）各规范标准之间对同一内容的规定要一致，避免出现冲突、重叠现象

当前在公共道路的管理过程中，存在市政规范标准与公路规范标准两

类规范体系重叠的情况出现。特别对于已建成区的路网结构，往往需要满足公路和城市道路的双重功能要求，建设过程中采用何种规范体系是目前城市路网建设普遍遇到的问题，同时带来的是竣工验收时标准和规范的选择。因此，单一按照现有的公路或市政规范指导路网建设已不能够适应一体化交通发展条件下公共道路建设的需要，另外，在路网建设全过程中存在同一工程内容面对公路和市政两种不同规范要求如何做出选择并选取科学、实用的验收标准体系是目前城市路网建设过程中亟待解决的课题。因此，在规范的制定过程中应注重与相关规范的协调一致性问题，避免此类问题的出现。

参考文献

[1] 张晓 . 国外一体化交通规划及对我国的借鉴意义 [D]. 武汉：武汉理工大学，2009.

[2] 陈佩虹 . 一体化交通规划从概念到现实的途径 [J]. 综合运输，2009（05）.

[3] 建设部 . GB50220-95 城市道路交通规划设计规范 [S].

[4] 建设部 . GB 50157-2003 地铁设计规范 [S].

[5] 铁道部 . TB10621-2009 高速铁路设计规范（试行）[S].

第七章

绿色智能人文一体化交通面临的主要研究课题

绿色智能人文一体化交通是城市交通发展的方向，也是交通领域重要的基础研究方向之一，发展绿色智能人文一体化交通任重而道远。本章给出绿色智能人文一体化交通主要研究课题如下，以供深入研究参考。

7.1 绿色交通面临的基础研究课题

7.1.1 交通与土地利用一体化规划理论与方法研究

（1）合理城市结构研究；
（2）职住均衡的规划理论与方法研究；
（3）TOD 开发模式与规划设计方法研究；
（4）通学路的规划思路与方法研究；
（5）大型公共设施合理布局交通组织方法研究；
（6）生态城市单元规划设计方法研究。

7.1.2 绿色交通系统规划理论与方法研究

（1）我国城市居民交通选择行为研究；
（2）绿色交通系统合理结构研究；
（3）基于绿色交通理念的道路网的合理结构研究；
（4）基于绿色交通理念的道路网优化设计理论与方法研究；
（5）基于可达性的交通规划理论与方法研究；
（6）步行优先的道路网规划设计方法研究；
（7）绿色交通组织管理方法研究；
（8）促进绿色交通发展的技术与政策研究。

7.1.3 混合交通流理论与交通拥堵特性研究

（1）步行交通流基础理论研究；
（2）自行车交通流基础理论研究；
（3）混合交通流基础理论研究；
（4）混合交通流条件下的道路通行能力研究；
（5）混合交通流拥堵机理分析与拥堵特性研究。

7.2 智能交通面临的基础研究课题

7.2.1 交通信息采集与利用研究

（1）信息感知技术研究；

（2）云计算方法研究；

（3）数据融合与挖掘方法研究；

（4）基于多元数据的动态 OD 估计方法研究；

（5）基于多元数据的交通流特性建模研究。

7.2.2 智能交通应用系统相关基础研究

（1）适合中国国情的区域信号控制系统理论与系统研究；

（2）实时交通流预测预报理论与方法研究；

（3）智能化区域交通组织理论与系统研究；

（4）实时最优控制诱导理论与技术研究；

（5）智能化特勤系统设计与开发研究；

（6）实时优化控制诱导智能系统理论与系统研究。

7.3 人文交通面临的基础研究课题

7.3.1 人的交通行为与认知规律研究

（1）人的认知规律研究；

（2）有效教育思路与方法研究；

（3）人的习惯养成与认知规律研究。

7.3.2 交通系统与文化传承的思路与方法研究

（1）交通与历史文化的关系研究；

（2）交通行为与文明道德的相互作用机理研究；

（3）交通文化的形成机理研究。

7.3.3 以人为本的交通规划设计研究

（1）交通系统与以人为本的关系研究；

（2）以人为本交通系统设施思路与方法研究；

（3）交通效率与以人为本的关系研究；

（4）交通设施的功能构成与转换关系研究。

7.4 绿色智能人文一体化交通面临的基础研究课题

针对绿色智能人文一体化交通规划设计理论与方法研究重点在于一体化，基础与应用研究课题主要有：

（1）不同交通方式一体化规划设计理论与方法研究；

（2）交通枢纽一体化规划设计理论与方法研究；

（3）动态交通与静态交通一体化规划设计理论与方法研究；

（4）一体化交通信息服务方法研究与系统开发；

（5）一体化的机制与政策保障体系研究；

（6）一体化评价指标体系与评价方法研究；

（7）智能交通系统综合平台研究；

（8）一体化规划管理决策支持系统开发研究。

第八章

绿色智能人文一体化交通发展展望

绿色智能人文一体化交通是指以满足人的交通需求为根本原则、以绿色交通方式为主要载体、以智能交通技术为显著标志、以人的交通文化提升为最高境界的高度一体化的城市综合交通系统，但是如何更加形象地展示它是一个很重要的课题。

本章通过七大重点情景展示其核心理念与特征。

8.1 情景一：交通与土地使用一体化——生态城市单元、职住均衡

城市用地功能及布局综合考虑，建设生态城市单元，实现合理职住均衡，交通与城市用地高度一体化，减少出行总量和出行距离。

同时，通过完善生态城市单元的功能配置，提高生态城市单元的步行系统和自行车系统的质量与水平，使生活出行就近解决，从而降低城市居民对小汽车的依赖程度。

图 8-1　社区中的学校

图片来源：笔者拍摄、百度图片 http：//image.baidu.com

图 8-2　公共空间

图片来源：笔者拍摄 . http：//image.baidu.com

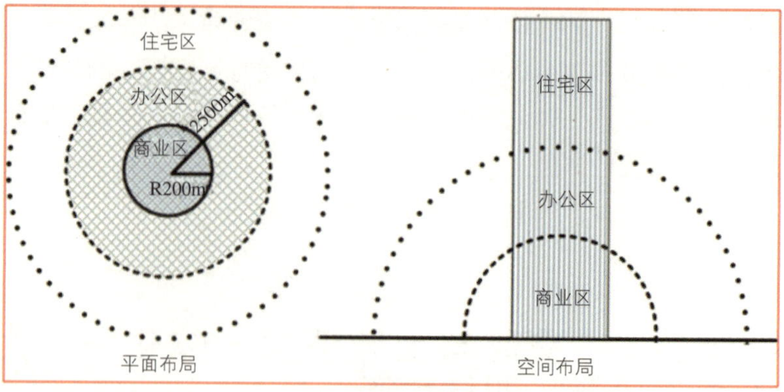

图 8-3　轨道交通站点周边用地一体化布局的理念

图片来源：笔者绘制

8.2　情景二：轨道交通模式多样化

轨道交通模式选择应从城市出行需求构成的实际状况出发，合理选择适宜不同出行需求类型的轨道交通模式与运量等级，按合理比例级配构建经济合理的多元化轨道结构体系，包括对城市功能疏解、引导城市空间结构优化调整所需要的市域轨道快线、市郊铁路，以及提高城市中心区轨道交通可达性所需要的中低运量等级有轨电车系统。

图 8-4　轨道交通系统车辆图

图片来源：http：//image.baidu.com

8.3 情景三：公共交通系统多层次发展

根据需求特性发展多层次的公共交通系统，特别是轨道交通的公交接驳系统、大型社区的社区公交系统、城乡公交系统，满足不同群体的公交出行需求，使市民优先选择公共交通出行，减少小汽车出行。

图 8-5　公交车辆多样性

图片来源：笔者拍摄、http：//image.baidu.com

8.4 情景四：舒适便捷的步行、自行车交通系统

温馨连续的步行与自行车通行设施与空间，既解决短距离交通出行需求，也是全民健身、增进交流的重要方式。

图 8-6　非机动车道专用路权（通过标识和彩色路面体现）

图片来源：笔者拍摄、百度图片 http：//image.baidu.com

图 8-7　人行道和健身休憩设施

图片来源：http：//image.baidu.com

图 8-8　通学路

图片来源：http：//image.baidu.com

8.5　情景五：一体化智能交通信息服务

不同类型交通信息服务通过不同发布方式，提供给乘客高度智能化的信息服务，使市民充分享受到智慧城市带来的效率和便利。

图 8-9　交通信息服务系统

图片来源：笔者绘制

8.6 情景六：立体化综合交通枢纽及地下空间利用

地下、地面、地上三位一体的立体化综合交通枢纽应充分展示混合土地使用和换乘一体化（无缝衔接、零距离换乘），可看到轨道交通、常规公交、小汽车等交通方式间及方式内部换乘，重点突出便利的换乘设施、智能化的管控、全方位的信息服务、综合性的土地开发。

图 8-10　立体化综合枢纽及地下空间利用

图片来源：http：//image.baidu.com、笔者拍摄

8.7 情景七：人性化交通设计和人文交通

人文重点体现在机动车在人行横道前主动避让行人、精细化路口渠化、可行走的城市、依法行车走路，同时环境体现传承历史文化，具有城市特色。

（1）切实关注交通参与者的需要的人性化设计

图 8-11　环境优美的行人、非机动车通行环境

图片来源：笔者拍摄

图 8-12　精细的交叉口设计

图片来源：笔者拍摄

图 8-13　准确、美观的街区地图

图片来源：笔者绘制

图 8-14　公交车上的轮椅坡道

图片来源：http：//image.baidu.com

（2）培养市民良好的交通习惯

图 8-15　有专人护送的小学生过马路

图片来源：http：//image.baidu.com

图 8-16　培养市民排队乘车习惯

图片来源：http：//image.baidu.com

（3）交通设施的设计传承当地历史文化

图 8-17　带有明显地域风格的火车站设计

图片来源：http：//image.baidu.com